초등교사를 위한
수학·예술·과학
융합 수업 모음집 II

김민경 · 노일순 · 윤수영 · 조미경 · 한은아
김동희 · 김유경 · 이수진 · 이수현 · 이지현 지음

KM 경문사

머리말

현대 사회의 급속한 변화로 지식의 양이 폭증함에 따라 현재와 미래의 학생들은 과거의 세대들에 의해 개발되고 검증된 지식과 기술의 가치가 지금과 다를 수 있다. 기존의 특정 교과에 기반을 두어 조직된 지식에 의존했던 것과 달리 미래사회에서는 통합적인 접근을 통해 습득한 통합된 지식을 학습을 요구한다. 또한 TIMSS 2011, PISA 2012에서 나타난 바와 같이 우리나라 학생들의 수학적 성취 결과와 수학 관련 정의적 영역의 결과가 상반되게 나타나는 것은 수학교육이 '타 교과와의 융합', '주변의 이슈와의 융합' 등을 통해 실생활에서 어떻게 사용되고 있는지 알 수 있는 기회를 많이 제공의 필요 및 학생들의 창의성, 인성, 자기 주도 학습 능력 등의 정의적 영역도 높이려는 노력이 필요함을 알 수 있다. 이렇듯 21세기는 융합과 혁신의 시대에 발맞추어 교육에서 창의성 신장을 위한 교육의 역할이 새롭게 부각되고 있다.

학교 수학은 수많은 수학자와 과학자들의 직관과 통찰에 의해 발견되고 다듬어진 결과물이므로 수학에 대한 심도 있는 이해를 위해서 학생들에게 수학이 완성되기까지의 과정을 경험할 수 있는 과학적 탐구 기회를 제공하는 것이 바람직하다. 또한 과학은 과학적 소양을 기르는 것을 목표로 하는 교과로서 수학에 대한 이해 없이는 자연법칙을 설명하거나 이해할 수 없으므로 과학적 측면에서도 수학의 중요성은 강조되고 있다. 수학과 과학의 통합을 통해 학생들이 현상에 대한 통합적 지식과 안목을 가지려면 과학적 탐구를 통해 실제 현상을 수학적 도구로 표현하며 현상에 내재된 수학적 개념을 파악하여 실세계의 문제 상황에 적용하는 과정이 강조되어야 한다(이혜숙 외, 2010). 이러한 시대적 요구와 현장의 요구를 반영하여 집필된 융합 수업 모음집은 창의적 융합 수학 체험 수업의 확산 및 체험의 기회를 제공하여 수학과 타 교과의 융합 수업에 대한 올바른 인식과 수학 학문에 대한 흥미를 높이고 수학의 중요성을 인식하고 깊이 있는 이해를 도모하고자 하였다. 이를 위해, 스토리텔링, 직업체험, 포토 에세이, 역사 탐방, 스케치 여행 등의 테마를 바탕으로 수학과 과학에서 하나의 주제를 중심으로 타 영역 활동과 연계한 융합 프로그램을 통해 수학적인 생각뿐만 아니라 여러 관점에서 문제를 해결하고, 다양한 해결방법을 생각해보는 태도를 키울 수 있는 기회를 제공하였다. 또한 융합 학습의 체험을 통해 수학적인 생각뿐만 아니라, 학습의 즐거움을 느끼고 학습한 내용이 실생활에 다양하게 활용될 수 있음을 이해하여 학문의 유용성을 깨닫고, 다양한 해결방법을 생각해보는 태도를 키울 수 있는 기회를 제공하여 세계와 시대의 흐름에 맞도록 정부와 사회가 요구하는 21세기형 글로벌 창의 인재 양성에 밑바탕을 마련하였다.

본 저서는 2013년에 발간되었던《초등교사를 위한 수학·예술·과학 융합 수업 모음집 I》의 후속물로써 시리즈의 형태로 출간된 것이다. 모음집 I에서와 같이 다양한 수업 주제를 학년별(1~2학년, 3~4학년, 5~6학년)로 정리하여 교사들이 실제 수업에 활용할 수 있도록 프로그램 개요와 함께 실제 적용 가능한 지도안과 학생용 학습 자료 일체를 담았다. 특히, '넘버 콜라주(Number Collage)' 수업은 '수(Number)'를 중심으로 전체 학년이 통합되어 학년에 맞는 관련 학문을 탐구하고, 이를 학년에 적합한 최종결과물을 만드는 형태로 구성하였다. 이러한 수업은 국내에서 시도된 적이 없는 학년과 학문을 통합한 수업으로 각 학교에서 '창의적 재량활동'의 수업을 활용하여 '수학의 날' 행사와 같이 학문에 흥미를 돋울 수 있는 형태로 시도해볼 수 있을 것이다.

이 책은 학교 현장에서 사용할 수 있는 일상 생활 속 체험 활동의 아이디어와 그와 관련된 교수자료를 개발, 현장교사들에게 보급하기 위한 노력의 일환으로 탄생되었다. 이론 중심의 수학·과학 교육이 아니라 실생활에서 흔히 만날 수 있는 친숙한 사물이나 도구를 사용하여 호기심과 궁금증, 상상력을 불러일으키고 즐겁게 체험하는 과정을 통해 성취감도 맛볼 수 있도록 구성하였다. 또한 수학과 과학은 지루한 반복 학습이 아니라 생활 주변의 문제를 만나면서 예술과도 함께 만날 수 있으며 일상생활에서 쉽게 만나고 탐구할 수 있는 재미있는 활동임을 체험할 수 있도록 노력하였다. 일상생활에서 마주하게 되는 매우 복잡하고 다양한 차원의 문제 상황을 해결하면서 실제적인 삶의 맥락과 관련된 학습을 통한 경험이 도움이 될 것이다.

본 저서가 완성되는 데 있어서 내용 검토를 꼼꼼히 해주신 이은실, 이진영, 홍은숙 선생님, 저서 출판을 흔쾌히 수락해 주신 경문사 사장님과 김종원 이사님 외 이 책이 나오기까지 도와주신 모든 분들께 감사의 마음을 전한다.

저자 일동

차 례

학년	순번	주제	활동
저학년	A-1	반쪽이와 거울방	거울의 반사와 같은 과학적 원리와 대칭의 수학적 원리를 활용하여 거울의 방 만들기를 함
	A-2	자석아, 몬스터 트럭을 밀어줘!	자석의 과학적 원리와 점의 위치를 나타내는 좌표에 들어 있는 수학적 원리를 알아보고 자석을 이용한 몬스터 트럭 만들기를 함
	A-3	웰컴 투 방방나라	탄성에너지의 특징을 탐구하고, 고무줄과 용수철을 활용한 자동차를 만들며 자연스럽게 길이와 도형을 익히는 수업활동 개발
중학년	B-1	착시와 옵아트	길이·평행의 수학적 원리와 착시·패턴에 나타난 과학적 원리를 알아보고 에임스 방 만들기를 함
	B-2	명탐정 똘똘이의 경주 보물 완전 정복	도형과 비와 비율, 무게중심에 관한 개념 이해를 중심으로 경주의 문화재를 재해석하고 새로 만들어 보는 활동으로 구성
	B-3	거북선과 수학대첩	거북선과 이순신 장군의 전술 속에서 도형과 규칙, 비와 비율을 알아보고 도형의 닮음과 비례의 원리를 활용하여 전투를 승리로 이끄는 전략 구상하기
고학년	C-1	타임머신을 타고, 시계의 역사속으로!	비와 비율, 공배수의 수학적원리와 힘과 관련된 과학적 원리를 알아보고 톱니바퀴와 시계 만들기를 함
	C-2	나만의 향기 만들기, 비(와 비율)계(량)측(정) 삼총사!	생활 속의 비와 비율, 계량단위, 측정 방법에 관한 개념 이해를 중심으로 조향사의 향수 제조과정을 간단하게 체험하는 활동을 통해 실제 맥락과 관련된 경험 제공
넘버 콜라주	D-1 (저)	1, 2, 3 넌 누구니?	기하학의 관점에서 바라본 차원의 수학적 원리와 바코드, 프린터기 등 과학적 원리를 알아보고 수를 이용한 티셔츠 만들기 콜라주 활동을 함
	D-2 (중)	올림픽 숨은 비밀 찾기	소수와 합성수의 수학적 원리와 스포츠에 담겨 있는 과학적 원리를 알아보고 수를 이용한 티셔츠 만들기 콜라주 활동을 함
	D-3 (고)	나를 찾는 스마트 넘버	스마트 세상의 데이터 표현에 있는 수학적 원리와 과학적 원리를 알아보고 스마트 넘버를 활용한 가방 만들기 콜라주 활동을 함

융합인재교육 STEAM

들어가면서

본 책은 2013년에 발간되었던 《초등교사를 위한 수학·예술·과학 융합 수업 모음집 I》의 후속물로 초등교사를 위한 수업 모음집이다. 창의적 융합인재교육에 대한 시대적 요구에 따라 현장에 파급되기 시작한 STEAM(Science-Technology-Engineering-Arts-Mathematics) 교육의 적용에서 수학(M) · 예술(A) · 과학(S)을 중심으로 한 융합 수업에 대한 수업 아이디어 모음집이다. 수업 내용의 수준 구분은 초등학교 저학년(1~2학년), 중학년(3~4학년), 그리고 고학년(5~6학년) 중심으로 이루어졌다.

이 책의 구성은 각 수준별 다음 내용으로 이루어진다.

활동 개요
융합적 요소 및 교육과정과의 연계성
수업 테마
교수-학습 과정안
활동지
교사용 참고자료

활동개요에서는 3차시로 개발된 수업안의 활동이 어떻게 구성되어 있는지에 관한 핵심적인 부분에 대하여 설명하여 수업에 대한 전반적 이해를 높이고자 하였다. 또한 차시별 주요 활동 내용과 준비물을 표로 제시함으로써 활동에 대한 교사의 이해를 돕고자 하였다.

융합적 요소 및 교육과정과의 연계성 부분에서는 수업 활동과 관련된 수학, 과학 교육과정을 분석하여 교육과정에서 관련되는 부분을 추출하여 제시하였다. 수학과 과학의 융합적 요소는 2009 개정 교육과정에서 수학, 과학 교과의 목표로 강조하고 있는 능력이나 태도와 관련하여 선정하였다. 수학에서는 수학적 추론 능력, 개념 및 원리의 이해, 문제 해결 능력과 의사소통 능력으로, 과학에서는 기본 개념 이해, 현상에 대한 관심, 과학적 탐구능력으로 구분하여 학습목표로 설정하였다. 교육과정 분석을 기반으로 하여 융합적 요소를 추출하고, 학습 목표를 설정함으로써 단순히 흥미와 재미위주의 수업활동이 아닌 교육과정을 기반으로 한 수업활동으로 구성하도록 노력하였다.

수업 테마의 일부 활동은 스토리텔링, 진로 체험, 포토 에세이, 역사 탐방, 스케치 여행 등의 테마를 바탕으로 하였으며, 수학과 과학에서 중복되거나 두 교과에서 통합적인 안목으로 바라볼 수 있는 하나의 주제를 타 영역 활동과 연계하여 수업 활동을 개발하였다. 또한 일부 활동은 주제를 탐구하는 과정에서 보고 느끼고 만지며 직접 행하며 참여하는 체험 활동 중심의 'hands-on', 행한 것에 대해 생각하고 토론하는 사고 과정 중심의 'minds-on', 이를 통해 수학 본질에 대한 인식과 이해의 폭을 넓히는 'hearts-on'을 테마로 하여, 실생활을 기반으로 한 문제 상황을 수학뿐만 아니라 타 교과와 연결된 활동으로 구성하여 학생들의 창의적·전인적 발달을 도모하고자 프로그램을 개발하였다.

교수·학습 과정안에서는 교사들이 실제 수업활동을 이해할 수 있도록 차시별로 준비활동, 활동, 정리하기로 나누어 제시하였다. 각 활동에서는 활동 순서와 "이렇게 활동했어요" 부분에서는 실제 학생들의 수업 모습과 활동사진을 첨부하였으며 "여기서 잠깐"이라는 부분을 추가하여 활동할 때에 교사가 기억해야 할 팁을 제공하였다.

활동지는 관련된 수업 차시안 바로 뒤에 실제 수업활동에서 제시함으로써 수업활동에 대한 이해를 높이고 수업활동을 현장에 적용할 때에 교사들이 더 쉽게 활용할 수 있도록 구성하여 도움을 주고자 하였다.

교사용 참고자료는 프로젝트 수업을 실제로 적용하고 수정·보완하는 과정에서 알게 된 정보를 교사들에게 제시함으로써 실제 수업 활동을 학교 현장에 적용할 때 일어날 수 있는 시행착오를 줄이고 실제적인 도움을 주고자 구성하였다.

본 모음집의 활동 개요, 융합적 요소 및 교육과정과의 연계성, 수업 테마, 교수·학습 과정안, 활동지, 교사용 참고자료의 일련의 과정을 저학년·중학년·고학년으로 나누어 제시함으로써 교사들에게 실제적인 융합수업에 대한 이해와 실천을 도울 수 있도록 구성하였다.

융합인재교육 STEAM

Part A

초등학교 저학년(1~2학년) 수학·과학 융합 수업

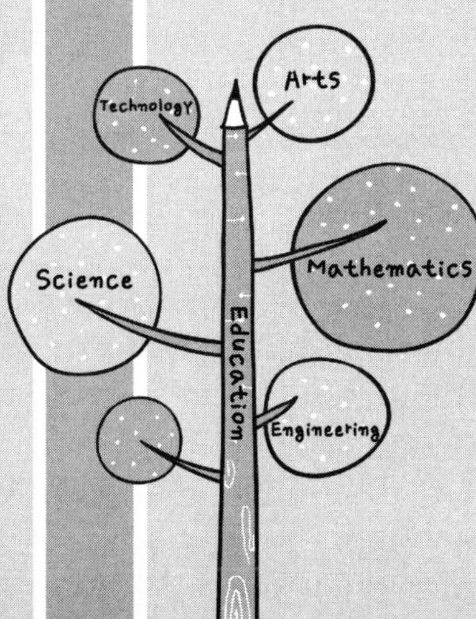

A1 반쪽이와 거울방

✎ 활동 개요

본 활동은 빛의 여러 가지 성질 가운데 반사의 성질을 알아보는 과학적 활동과 거울에 비친 상을 통해 대칭의 원리를 탐구하는 수학적 활동을 통합적으로 활용하여 나만의 거울의 방을 만드는 활동으로 구성되어 있다.

첫 번째 활동에서는 '거울 속에 누구요' 동화를 읽고 전신 거울을 활용하여 빛의 반사 성질과 거울의 특성을 탐색한다. 거울을 이용하여 평면도형 안에서의 대칭적인 모양을 관찰하고 색종이를 이용하여 대칭 모양을 만들어 봄으로써 거울 속 대칭의 원리와 대칭축의 개념을 이해한다.

두 번째 활동에서는 두 개의 거울 사이의 각의 변화에 따라 상의 변화 모습을 관찰하고 대칭의 원리를 활용하여 카나페를 만들어 봄으로써 좀더 흥미롭게 활동에 참여하면서 대칭에 대한 이해의 폭을 넓힌다.

마지막으로 앞서 학습한 빛의 반사와 거울 속 대칭의 원리를 적용하여 거울의 방을 창의적으로 만든다. 대칭축을 중심으로 반쪽 모양이 거울에 반사되는 모습을 생각하며 거울의 방을 완성하는 활동을 통해 학생들은 수학적 추론 능력과 과학적 탐구 능력을 기르게 될 것이다.

본 수업을 통해 매일의 일상생활에서 경험하는 것을 수학과 과학적 관점에서 해석하는 기회를 가짐으로써 학교에서 배우는 지식과 일상생활을 연계지을 수 있고, 일상생활에서의 경험을 수학 및 과학적 개념과 연계 짓는 과정에서 개념에 대한 심층적 이해가 가능하다. 또한 활동 과정에 참여함으로써 과학적으로 탐구하는 능력 및 수학적으로 의사소통하는 능력을 신장시킬 수 있다.

	차시	주요 활동 내용
활동내용	1	◈ 거울의 원리를 탐색하고 대칭과 대칭축 이해하기 • '거울 속에 누구요'를 읽고 전신 거울을 활용하여 거울의 특성 탐색하기 • 거울을 이용하여 평면도형 안에서의 대칭적인 모양 관찰하기 • 색종이를 이용하여 대칭 모양 만들기
	2	◈ 대칭의 원리 활용하기 • 거울과 대칭축을 활용하여 보이는 상의 모습과 개수 관찰하기 • 대칭의 원리를 활용하여 카나페 만들기
	3	◈ 대칭의 원리 적용하기 • 거울과 대칭의 원리를 활용하여 거울의 방 만들기 • 거울의 방 감상하기
준비물	레이저포인터, 평면거울, 볼록거울, 오목거울, 거울시트지, 색연필, 사인펜, 자, 가위, 색종이, 아이클레이, 아이비 과자, 잼, 햄, 치즈, 쿠키틀 등	

• 대칭은 5학년의 수학과 교육과정에 제시되는 내용이나 저학년 학생들이 실생활에서 평소에 경험하는 소재인 거울을 통해 쉽게 접근할 수 있도록 구성하였기 때문에, 대칭에 관한 형식적인 용어(선대칭, 선대칭 위치에 있는 도형, 대칭축)를 직접적으로 제시하기보다는 비형식적인 용어 또는 생활에서 주로 쓰는 용어로 대체하여 지도한다.

✎ 융합적 요소 및 교육과정과의 연계성

<table>
<tr><th>융합적 요소</th><th>학습 목표</th><th>교육과정</th></tr>
<tr><td colspan="3">수학</td></tr>
<tr><td>수학적 추론능력</td><td>• 여러 가지 모양의 도형을 보고, 대칭이 되는 도형의 특징을 추론할 수 있다.</td><td rowspan="3">■ 초등학교 1~2학년군
- 평면도형과 그 구성 요소
■ 초등학교 3~4학년군
- 도형의 기초
- 여러 가지 삼각형
- 여러 가지 사각형
■ 초등학교 5~6학년군
- 합동과 대칭</td></tr>
<tr><td>개념 및 원리의 이해</td><td>• 여러 가지 도형의 모양을 알고 거울을 이용하여 실제상과 거울상의 대칭성을 이해할 수 있다.</td></tr>
<tr><td>문제해결 능력
의사소통 능력</td><td>• 대칭을 이용하여 반쪽 모양을 만들고 완성된 모양을 예측할 수 있다.</td></tr>
<tr><td colspan="3">과학</td></tr>
<tr><td>기본 개념 이해</td><td>• 빛의 여러 가지 성질 가운데 반사의 성질을 알아본다.</td><td rowspan="3">■ 초등학교 3~4학년군
- 거울과 그림자
■ 초등학교 5~6학년군
- 렌즈의 이용</td></tr>
<tr><td>현상에 대한 관심</td><td>• 대칭축의 위치에 따라 나타나는 모습의 차이를 관찰한다.</td></tr>
<tr><td>과학적 탐구 능력</td><td>• 거울을 놓는 위치에 따른 상의 변화를 예측하고 거울의 특성을 탐구한다.</td></tr>
</table>

✎ 수업 테마

- 스토리텔링 : '거울 속에 누구요' 동화를 함께 읽으며 이야기의 전개 속에서 반사되는 거울의 특성을 탐색한다.
- 직업체험 : 생활 속에서 거울이 활용되는 예시에서 거울을 활용하는 직업을 찾고, 거울을 이용하는 이유에 대해 생각해 본다.
- 포토에세이 : '나만의 거울의 방' 만들기 활동 과정의 사진을 찍어 종이액자를 만들어 자신의 모습을 되돌아보고 학습에 참여하는 즐거움을 느낀다.

✎ 교수·학습 과정안(1차시)

활동명	따라쟁이 거울과 반쪽이
활동주제	거울의 원리 탐색하기와 대칭축 이해하기
학습목표	1. 거울의 원리를 이해할 수 있다. 2. 거울에 비친 상의 모습을 관찰함으로써 대칭과 대칭축의 개념을 이해할 수 있다. 3. 주어진 모양(선대칭도형)에서 대칭축을 찾을 수 있다.

거울의 원리 탐색하기

- 마술저금통 보여주기
- 《거울 속에 누구요》 함께 읽기(조경숙 지음, 윤정주 그림, 국민서관)
- 거울시트지를 볼록하게, 오목하게 구부리며 얼굴을 비추고, 보이는 모습을 관찰하여 특징 찾기

  ✎ 여기서 잠깐!

  1. 유리로 된 거울의 경우, 유아가 사용하기에 위험할 수 있으므로 안전거울 또는 거울시트지를 사용하도록 한다. 거울시트지는 구부릴 수 있으므로 모양에 따라 평면거울, 볼록거울, 오목거울의 역할을 동시에 할 수 있다.
- 실생활에서 거울이 활용된 예, 직업에서 거울을 활용하는 예 등을 찾고 거울을 활용할 때의 편리한 점에 대해 생각해보기

활동 1 따라쟁이 거울

▣ 전신 거울을 활용하여 거울의 원리를 탐색하고, 대칭에 대해 관심 갖기

- 대칭적인 모양을 관찰하고, 대칭적인 모양을 만드는 중심선(대칭축)을 찾아 대칭적인 모양의 특징 탐색하기
- 전신 거울을 바라보고 서서 몸을 움직이거나 전신 거울에 몸의 반쪽을 걸치고 움직일 때, 거울에 나타나는 상의 특징 관찰하기

활동 2 도형나라 대칭

▣ 거울을 이용하여 평면도형 안에서의 대칭적인 모양 관찰하기

- 직사각형 모양을 아래와 같이 접어 대칭적인 모양을 찾는 방법에 대해 알아보고, 대칭적인 모양의 특징에 대해 이야기 나누기

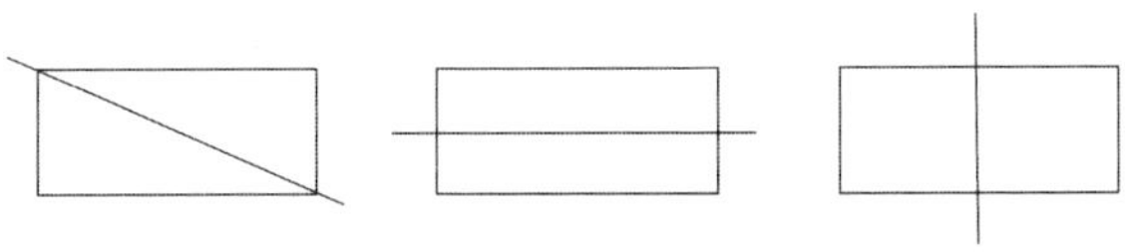

- 거울을 이용하여 주어진 평면도형에서 대칭을 만드는 중심선을 찾아 선 긋기

활동 3 내가 만든 반쪽

▣ 대칭축을 찾아 대칭 모양 만들기

- 활동 순서
  ① 색종이를 반으로 접는다.
  ② 주어진 모양들 중에서 나타내고 싶은 모양의 반쪽을 그린다.
  ③ 선을 따라 정확하게 오리고, 거울을 대고 대칭을 확인한다.
  ④ 색종이를 펴서 전지에 붙인다.
- 제시된 모양들 중에서 만들 수 없는 모양을 찾고, 그 이유 알아보기

• 이렇게 활동했어요!

✎ 여기서 잠깐!

1. 주어진 모양들 중에서 나타내고 싶은 모양의 반쪽을 반으로 접은 색종이 위에 그릴 때, 색종이의 반으로 접은 선이 대칭축(중심선)임을 주의하도록 한다.
2. 반으로 접은 색종이에 반쪽 모양을 그린 후, 펼쳐보기 전에 거울을 대고 대칭성을 확인하여 반쪽 모양을 제대로 그렸는지 확인하도록 안내한다.

정리하기

• 대칭과 대칭의 개념 정리하기

도형나라 대칭

활동 2

저학년

이름:

▣ 아래의 평면도형에서 대칭을 만드는 중심선을 찾아 그려 보세요.
가능한 다양한 경우를 모두 찾아보세요.
만들 수 없는 모양은 그림 위에 ×표 하세요. 왜 만들 수 없을까요?

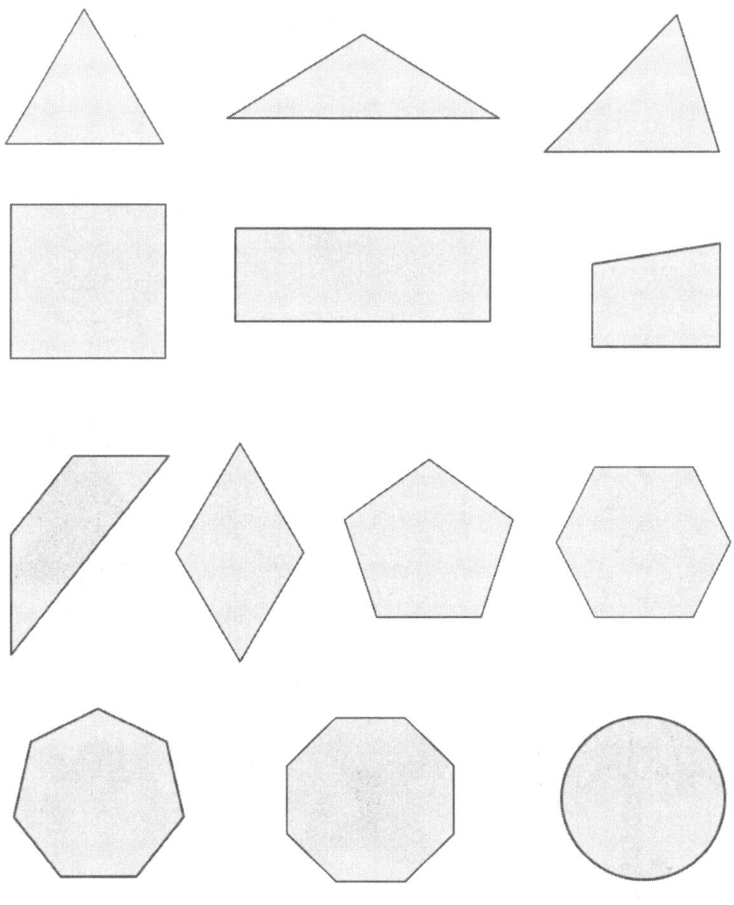

저학년 활동 3

내가 만든 반쪽

이름:

▣ 아래의 모양들을 만들기 위해서는 색종이를 어떻게 잘라야 할까요?

① 색종이를 반으로 접으세요.

② 아래의 모양들 중에서 나타내고 싶은 모양의 반쪽을 그리세요.

③ 선을 따라 정확하게 오리세요.

④ 색종이를 펼쳐 모양을 확인한 후, 전지에 붙이세요.

만들 수 없는 모양은 그림 위에 ×표 하세요. 왜 만들 수 없을까요?

✎ 교수 · 학습 과정안(2차시)

활동명	거울과 미스터리
활동주제	대칭의 원리 활용하기
학습목표	1. 대칭축의 개념을 이해할 수 있다. 2. 주어진 모양(선대칭 위치에 있는 도형)에서 대칭축을 찾을 수 있다.

대칭축 이해하기

- 데칼코마니로 여러 가지 모양 만들기
  ① 종이(도화지)를 반으로 접고 다시 핀 후, 한쪽에 원하는 모양대로 물감을 뿌린다.
  ② 다시 접어서 꼭꼭 눌러 모양을 만든다.
  ③ 종이를 접었다 피는 활동을 통해 나타난 그림은 접은 선을 중심으로 모양과 크기가 대칭적으로 있다는 것을 찾는다.
- 접은 선(대칭축)에 맞닿도록 하는 것(선대칭도형)과 접은 선(대칭축)에서 떨어지도록 하는 것(선대칭의 위치에 있는 도형)의 두 가지 방법으로 만든 모양을 비교하기

활동 1 대칭을 찾아봐요

▣ 선대칭도형에서 대칭축 찾아보기

- 자연 속에서 찾아봐요! (예 : 꽃게, 무당벌레, 눈결정체 등)
- 글자에서 찾아봐요! (예 : ㅍ, ㄷ, 옷, 이마, 하하, 호호 등)

✎ **여기서 잠깐!**

1. 글자 폰트의 선택에 주의한다.

- 예술 작품에서 찾아봐요!
- 몸에서 찾아봐요!

활동 2 보이는 건 몇 개?

▣ 선대칭 위치에 있는 도형에서 대칭축 이해하기

- 대칭축에서 떨어져 있도록 스티커 또는 그림을 붙이고, 거울을 통해 몇 개가 보이는지 개수 세어보기(제시한 스티커 또는 그림의 개수와 거울을 통해 보이는 개수들 간의 관계 찾아보기)
- 두 개의 거울을 마주보도록 떨어뜨려 놓고 그 사이에 어떤 물체 또는 그림을 놓은 후, 보이는 상의 모습과 개수 관찰하기
- 선대칭의 위치에 있는 도형의 특징을 찾아 설명하기

활동 3 나는 대칭 요리사

▣ 대칭의 원리를 활용하여 카나페 만들기

- 준비물 : 아이비 과자, 일회용잼, 치즈, 햄, 다양한 모양의 쿠키틀, 어린이용 위생장갑, 일회용 접시, 쿠킹호일 등
- 다양한 대칭(선대칭도형 또는 선대칭 위치에 있는 도형) 모양 만들기
- 거울을 이용하여 만든 모양이 대칭이 되는지 확인하기
- 각자 만든 카나페에서 표현한 대칭 모양을 발표하고, 맛있게 먹기

• 이렇게 활동했어요!

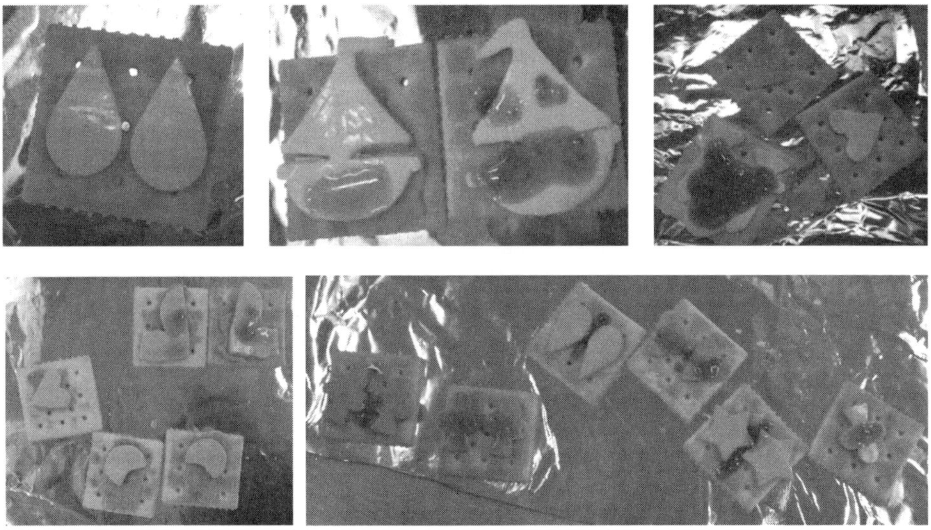

✎ 여기서 잠깐!

1. 학생들이 직접 만든 카나페에서 표현한 대칭성을 설명하는 기회를 갖도록 한다.
2. 선대칭도형, 선대칭 위치에 있는 도형을 다양하게 표현하도록 격려한다.
3. 준비물 중에서 잼은 '일회용잼'을 구입하면 사용하기에 편리하며, 다양한 모양의 쿠키 틀은 선대칭도형, 선대칭 위치에 있는 도형을 표현하기에 적절한 것으로 선택한다.
4. 쿠키틀은 날카로우니 사용에 주의하도록 한다.

정리하기

• 선대칭도형과 선대칭의 위치에 있는 도형의 특징을 비교하여 설명하기

저학년 활동 2

보이는 건 몇 개?(1)

이름:

▣ 점선의 위치에 거울을 놓고 보았을 때, 판다가 모두 몇 마리 보이나요?

( ) 마리

( ) 마리

보이는 건 몇 개?(2)

활동 2 저학년

이름:

▣ 점선의 위치에 거울을 놓고 보았을 때, 판다가 모두 몇 마리 보이나요?

( ) 마리

( ) 마리

저학년 활동 2

보이는 건 몇 개?(3)

이름:

▣ 점선의 위치에 거울을 놓고 보았을 때, 판다가 모두 몇 마리 보이나요?

✎ 교수·학습 과정안(3차시)

활동명	반쪽이와 거울의 방
활동주제	대칭의 원리 적용하기
학습목표	1. 거울과 대칭의 원리를 활용하여 나만의 거울의 방을 만들 수 있다.

거울의 방 구성 확인하기

- 선대칭도형, 선대칭의 위치에 있는 도형의 원리를 적용하여 거울의 방을 꾸밀 때 고려해야 하는 요소에 대해 이야기 나누기

활동 1 나만의 거울의 방 만들기

▣ 거울의 방 만들기

- 준비물: 3장의 안전 거울(거울시트지)을 붙인 거울의 방, 아이클레이
- 이렇게 활동했어요!

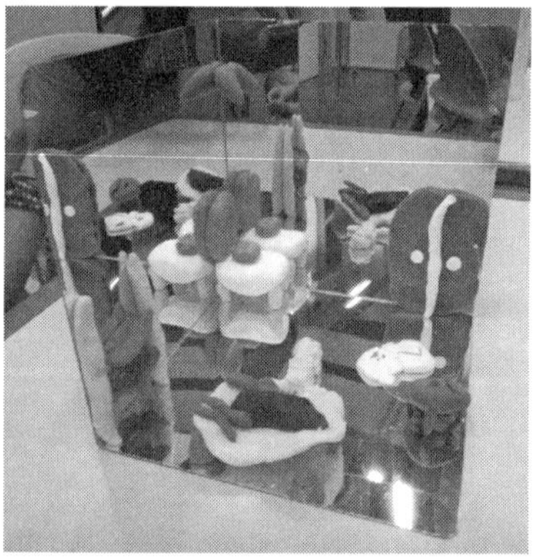

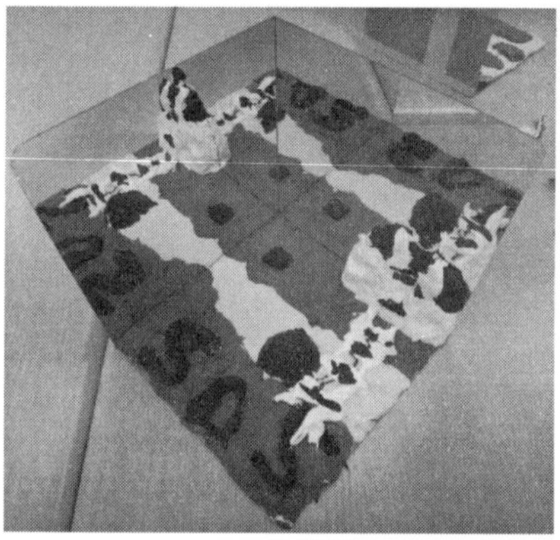

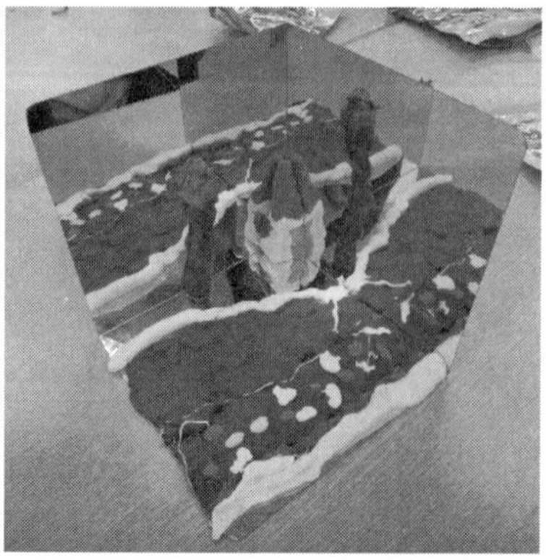

활동 2 감상하기

▣ 거울의 방 감상하기

- 갤러리 워킹으로 작품 감상하기

  ✎ **여기서 잠깐!**

  1. 학생들이 만든 거울의 방에 적용한 대칭의 원리를 설명하는 기회를 갖는다.
  2. 학생들이 만든 거울의 방들을 감상할 수 있는 시간을 갖는다.

정리하기

- 거울의 방 만들기에 활용된 수학과 과학의 원리에 대해 설명해보기
- 작품 감상과 수업 참여에 대한 소감이나 흥미로운 점 나누기

교사용 참고 자료

※ 아크릴 안전거울이란?

아크릴 거울은 아크릴 뒷면에 알루미늄을 증착하여 만든 거울이다. 아크릴 거울은 충격에 깨지지 않는 안전거울이고, 원하는 크기대로 누구나 쉽게 자르고 붙일 수 있으며, 무게가 가벼워 부착하기에 쉽다. 그래서 최근에는 교육용 도구로 많이 사용된다.

본 수업에서 거울의 방을 만들 때 사용한 아크릴 거울은 가로, 세로의 길이가 각 15cm, 두께 1mm의 정사각형 모양이다. 아래 그림과 같이 3장의 아크릴 거울을 두꺼운 종이테이프를 이용하여 방 모양이 되도록 부착한다.

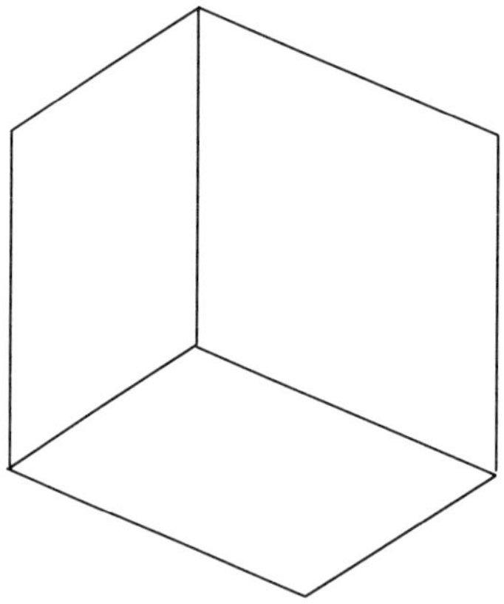

2mm, 3mm의 아크릴 거울도 있는데, 두꺼울수록 무게가 나가다보니 3장을 붙여 세울 때 자꾸 기울어지는 문제가 생겨 본 수업에서는 1mm의 것을 사용하였다.

A2 자석아, 몬스터 트럭을 밀어줘!

✎ 활동 개요

본 활동은 같은 극끼리는 끌어당기고 다른 극끼리는 밀어내는 자석의 원리를 활용하는 과학적 활동과 점의 위치를 나타내는 좌표를 탐구하는 수학적 활동을 통합적으로 활용하여 자석을 활용하여 만든 몬스터 트럭을 좌표평면 위에 움직이는 게임 활동으로 구성되어 있다.

첫 번째 활동에서는 위치를 나타내는 방법 중 좌표로 나타내는 방법을 알아보기 위하여, 각 차원과 좌표를 나타내는 방법을 알아보고 2차원 평면에서의 좌표를 읽는 방법을 익힌다. 좌표를 활용한 게임과 디자인을 통해 좌표에 익숙해짐으로써 아이들이 생활 속에서 흔히 사용하지만 사물의 위치를 나타날 때 사물을 바라보는 기준에 따라 위치를 다르게 나타내야 한다는 것을 자연스럽게 이해하여 좌표 개념에 대한 이해의 폭을 넓힌다.

두 번째 활동에서는 여러 가지 자석을 관찰하고, 자석의 성질인 인력과 척력을 이용하여 자석에 붙는 물질과 자석에 붙지 않는 물질을 분류하여 같은 군에 속하는 물질들의 공통점과 차이점을 찾아본 후, 자기력이 미치는 범위 내에서의 변화 모습을 관찰함으로써 자석의 성질을 탐구한다.

마지막으로 자석을 이용한 몬스터 트럭을 만들어 자석의 성질인 인력과 척력으로 좌표평면 상에서 미션을 해결하는 놀이활동을 통해 학생들은 자석을 활용한 장난감을 만들어봄으로써 과학적 탐구 능력을 기르게 될 것이다.

본 수업을 통해 과학에서 학습한 내용과 수학에서 학습한 내용을 연계하여 놀이를 경험함으로써 학습에 대한 흥미를 높일 수 있고, 놀이활동에 포함된 수학, 과학적 개념 및 원리를 탐구하는 과정에서 자신의 삶에 더 관심을 갖게 될 뿐만 아니라 수학적으로 의사소통하는 능력을 기를 수 있다.

	차시	주요 활동 내용
활동내용	1	◈ 좌표와 순서쌍 이해하기 • 각 차원에서 좌표를 나타내는 방법 알아보기 • 좌표의 이동을 수학적으로 의사소통하기 • 좌표를 이용하여 디자인하기
	2	◈ 자석의 성질 탐구하기 • 척력과 인력 알아보기 • 자화현상과 자석의 극 알아보기
	3	◈ 자석을 활용한 장난감을 이용하여 미션 해결하기 • 자석의 척력과 인력을 이용하여 움직일 수 있는 자동차 만들기 • 좌표 위에서 미션 해결하기
준비물	주사위, 빙고판, 막대자석(大), 말굽자석, 클립 1~2통씩, 플라스틱 컵, 바퀴, 바퀴축, 빨대, 공 모양의 스티로폼, 동그라미 스티커, 매직, 동그라미 모양의 자석, 막대, 양면테이프	

✎ 융합적 요소 및 교육과정과의 연계성

융합적 요소	학습 목표	교육과정
수학		
수학적 추론능력	• 좌표들 간의 관계를 추론할 수 있다.	■ 중학교 1~3학년군 순서쌍과 좌표
개념 및 원리의 이해	• 좌표와 순서쌍의 의미를 이해할 수 있다.	
문제해결 능력 의사소통 능력	• 좌표 읽는 방법을 활용하여 좌표의 이동을 설명할 수 있다.	
과학		
기본 개념 이해	• 자석은 두 개의 극을 지니고, 금속을 당기거나 다른 자석을 밀거나 당기는 성질을 갖고 있다.	■ 초등학교 3~4학년군 - 자석의 이용 - 혼합물의 분리 ■ 초등학교 5~6학년군 - 전기의 작용
현상에 대한 관심	• 자석에 붙는 물질과 붙지 않는 물질들 간의 공통점과 차이점을 찾을 수 있다. • 자기장과 자기력선의 모양을 관찰하여 특징을 찾을 수 있다.	
과학적 탐구 능력	• 자석의 성질(척력, 인력)을 이용하여 여러 가지 도구나 장난감을 만들 수 있다.	

✎ 수업 테마

- 스토리텔링 : 위치와 방향을 나타내는 실생활의 용어인 위와 아래, 앞과 뒤, 왼쪽과 오른쪽을 활용하여 각 물건의 위치를 바르게 표현하고 있는 쪽을 찾아감으로써 도착지에 다다르는 상황을 이해하는 과정에서 생활의 경험과 수학적 개념을 연계지어 이해한다.
- 포토에세이 : 좌표를 이용하여 작품을 디자인한다.

✎ 교수·학습 과정안(1차시)

활동명	위치에 이름 붙이기
활동주제	좌표와 순서쌍 이해하기
학습목표	1. 좌표의 개념을 이해하고 나타낼 수 있다. 2. 좌표의 이동을 수학적으로 표현하고 좌표들 간의 관계를 나타낼 수 있다.

좌표와 위치에 대해 관심갖기

- 아래 그림과 같이 지도상에서 위치와 방향을 나타내는 실생활의 용어인 위와 아래, 앞과 뒤, 왼쪽과 오른쪽을 활용하여 주어진 상황의 미션 해결하기

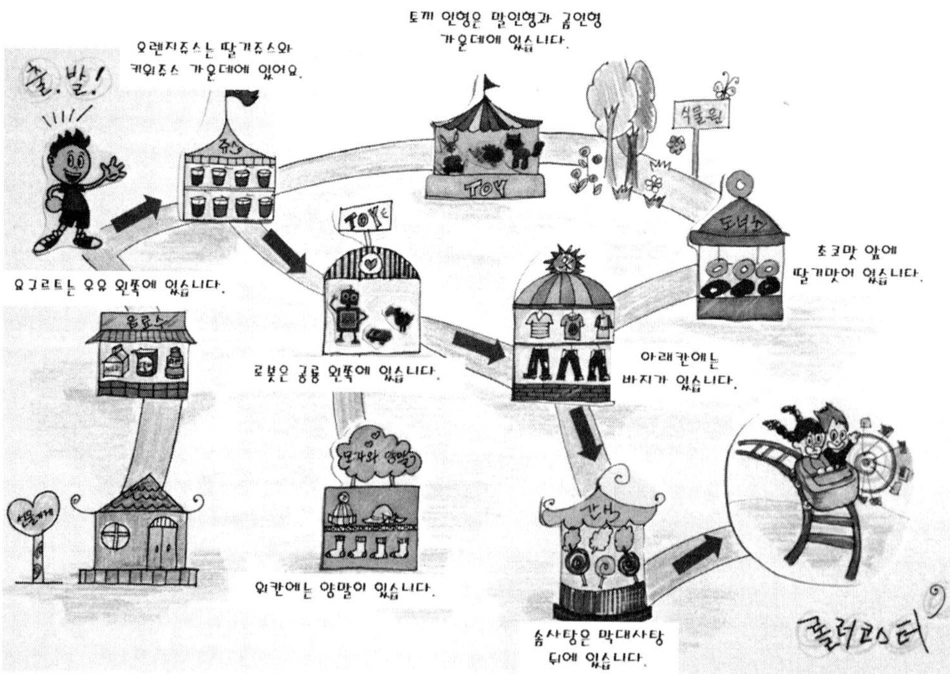

- 실생활에서 위치를 활용하는 예나 경험에 대해 이야기 나누기 (㉠ 영화관에서 좌석 찾는 방법, 공연장에서 좌석 찾는 방법 등)
- 구글 어스(google earth)를 이용하여, 우리가 있는 위치 찾아보기 (㉠ 서울, 뉴욕, 파리)

✎ **여기서 잠깐!**

1. 구글 어스는 www.google.com/earth에서 다운로드하여 이용할 수 있다.
2. 구글 어스를 이용하여 세계 어느 곳이든 가상으로 여행할 수 있고, 3D 건물과 사진, 지형을 둘러보며 도시나 관광 명소, 기업을 찾아볼 수 있다.

- 정확하고 이해하기 쉽도록 위치를 설명하는 방법에 대해 이야기 나누기

활동 1 좌표는 무엇인가?

▣ 좌표의 개념 알아보기

- 데카르트가 좌표를 발견하게 된 이야기 들려주기
- 1, 2, 3차원에서의 좌표 표현에 대해 알아보고, 각 차원에서 좌표의 이동 연습하기

✎ **여기서 잠깐!**

1. 좌표는 어떤 짐의 위치를 나타내는 것으로 쉽게 설명한다.
2. 초등학교에서는 평면상에 나타나는 좌표를 표를 이용할 수 있다. 이때, 가로 방향의 위치(오른쪽 또는 왼쪽)를 먼저 읽고, 세로 방향의 위치(위 또는 아래)를 나중에 읽는 것으로 약속한다. 포도의 위치는 (2, 6), 사과의 위치는 (5, 3)으로 나타내는데, 포도의 위치에서 사과의 위치로 이동하려면, 오른쪽으로 세 칸, 아래쪽으로 세 칸 이동하는 것으로 설명한다.

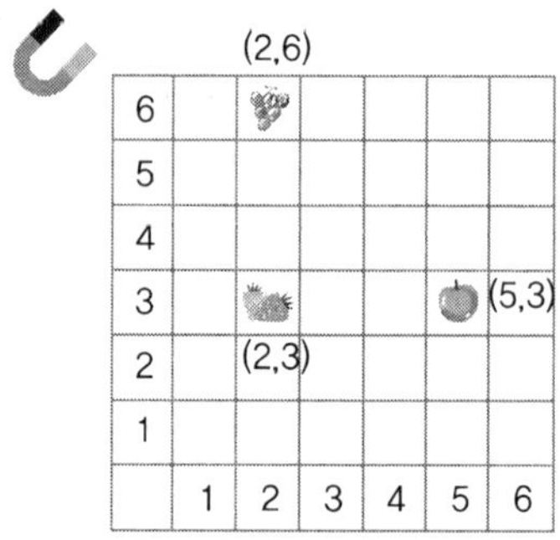

활동 2 좌표와 함께하는 빙고

▣ 좌표 읽는 방법을 활용하는 놀이하기

- 준비물 : 주사위 2개, 6×6 빙고판
- 활동순서

6						
5						
4						
3						
2						
1						
	1	2	3	4	5	6

① 교사가 두개의 주사위를 던져 나온 두 개의 주사위 눈에 해당하는 숫자들로 두 개의 순서쌍을 만든다.

② 두 개의 순서쌍 중에서 한 개의 순서쌍을 선택하여 표에 표시(색칠)한다.

③ 학생들이 각자 찾아서 표기할 때까지 기다린 후, 두 개의 순서쌍을 불러주거나 칠판에 나타낸다.

④ 4개가 연속으로 표시된 사람이 승리한다.

✎ 여기서 잠깐!

1. 학생들의 수준에 따라 빙고판의 크기, 빙고 승리 개수 등은 선택할 수 있다.
2. 빙고 놀이를 시작할 때에는 학생들이 좌표를 읽고 표시하는 방법이 익숙지 않을 수 있으므로, 정확하게 빙고판에 표시하는지 짝과 함께 확인하는 절차를 거쳐 놀이에 제대로 참여할 수 있도록 한다.

활동 3 좌표를 알록달록하게

▣ 좌표 활용하여 디자인하기

- 주어진 순서쌍에 해당하는 좌표를 지시대로 색칠하여 그림 완성하기
- 좌표의 이동을 설명하기
- 이렇게 활동했어요!

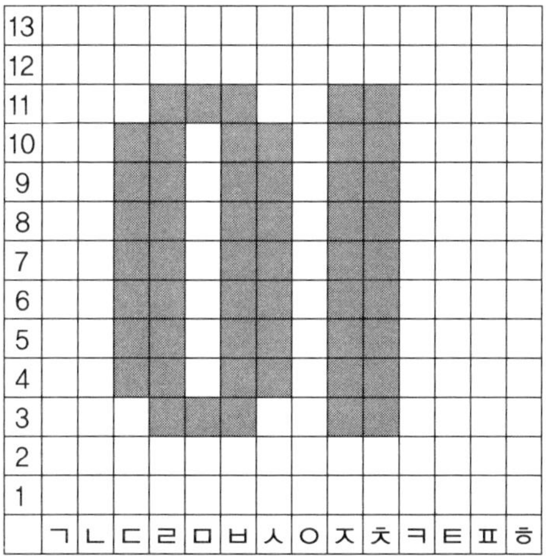

✍ 정리하기

- 좌표가 활용되는 예를 찾아보고, 좌표의 필요성에 대해 이야기 나누기

저학년 활동 2

좌표와 함께하는 빙고

이름:

■ 주사위의 눈으로 순서쌍을 만들어 빙고놀이를 해보세요.

6						
5						
4						
3						
2						
1						
	1	2	3	4	5	6

좌표를 알록달록하게 1

활동 3

저학년

이름:

■ 주어진 순서쌍에 해당하는 좌표에 원하는 색깔을 골라 색칠하세요.
(ㄷ,4), (ㄷ,5), (ㄷ,6), (ㄷ,7), (ㄷ,8), (ㄷ,9), (ㄷ,10)
(ㄹ,3), (ㄹ,4), (ㄹ,5), (ㄹ,6), (ㄹ,7), (ㄹ,8), (ㄹ,9), (ㄹ,10), (ㄹ,11)
(ㅁ,3), (ㅁ,11)
(ㅂ,3), (ㅂ,4), (ㅂ,5), (ㅂ,6), (ㅂ,7), (ㅂ,8), (ㅂ,9), (ㅂ,10), (ㅂ,11)
(ㅅ,4), (ㅅ,5), (ㅅ,6), (ㅅ,7), (ㅅ,8), (ㅅ,9), (ㅅ,10)
(ㅈ,3), (ㅈ,4), (ㅈ,5), (ㅈ,6), (ㅈ,7), (ㅈ,8), (ㅈ,9), (ㅈ,10), (ㅈ,11)
(ㅊ,3), (ㅊ,4), (ㅊ,5), (ㅊ,6), (ㅊ,7), (ㅊ,8), (ㅊ,9), (ㅊ,10), (ㅊ,11)

13														
12														
11														
10														
9														
8														
7														
6														
5														
4														
3														
2														
1														
	ㄱ	ㄴ	ㄷ	ㄹ	ㅁ	ㅂ	ㅅ	ㅇ	ㅈ	ㅊ	ㅋ	ㅌ	ㅍ	ㅎ

저학년 활동 3

좌표를 알록달록하게 2

이름:

▣ 주어진 순서쌍에 해당하는 좌표에 원하는 색깔을 골라 색칠하세요.

(ㅁ,11), (ㅂ,11), (ㅅ,11)
(ㄷ,10), (ㄹ,10), (ㅁ,10), (ㅂ,10), (ㅅ,10), (ㅇ,10), (ㅈ,10)
(ㄹ,8), (ㅁ,8), (ㅂ,8), (ㅅ,8), (ㅇ,8)
(ㄷ,7), (ㄹ,7), (ㅇ,7), (ㅈ,7)
(ㄹ,6), (ㅁ,6), (ㅂ,6), (ㅅ,6), (ㅇ,6)
(ㅂ,4), (ㅂ,3). (ㄷ,2), (ㄹ,2), (ㅁ,2), (ㅂ,2), (ㅅ,2), (ㅇ,2), (ㅈ,2)
(ㅋ,2), (ㅋ,3), (ㅋ,4), (ㅋ,5), (ㅋ,6), (ㅋ,7), (ㅋ,8), (ㅋ,9), (ㅋ,10), (ㅋ,11)
(ㅌ,6), (ㅌ,7)

13														
12														
11														
10														
9														
8														
7														
6														
5														
4														
3														
2														
1														
	ㄱ	ㄴ	ㄷ	ㄹ	ㅁ	ㅂ	ㅅ	ㅇ	ㅈ	ㅊ	ㅋ	ㅌ	ㅍ	ㅎ

✎ 교수·학습 과정안(2차시)

활동명	밀고 당기는 자석
활동주제	자석의 성질 탐색하기
학습목표	1. 자석의 밀고 당기는 성질을 이해할 수 있다. 2. 실생활에서 자석이 활용될 때의 편리한 점을 생각할 수 있다.

자석의 밀고 당기는 성질에 관심갖기

- 털실에 묶인 클립을 보여주며, 공중에 띄울 수 있는 방법 생각해 보기
- 활동순서
  ① 클립에 털실을 묶는다.
  ② 테이프로 실을 책상 위에 고정한다.
  ③ 클립을 손으로 잡아당겨 공중에 띄우고 자석을 클립 가까이 가져간 후 손을 떼어 내어 클립을 공중에 띄운다.
  ④ 클립과 자석 간의 간격을 유지한다.
- 자석과 클립 사이에 물체를 넣었을 때 어떤 변화가 나타날지 예상하고 실험하기
  - 종이, 유리판, 알루미늄 호일, 비닐, 철판 등을 넣어보기
  - 넣은 물체에 따른 실험결과들 간의 공통점과 차이점 찾아보기

✎ 여기서 잠깐!

1. 클립을 공중에 띄우는 실험을 할 때, 유리판, 종이 등을 넣어도 공중에 떠 있을 수 있는 세기의 막대자석을 준비해야 한다. 그리고 유리판의 모서리가 날카로울 경우 손을 다칠 수 있으므로 유리판의 모서리를 두껍고 색깔 있는 테이프 등으로 붙여 준비한다.

활동 1 클립을 더 많이, 더 많이!

▣ 자화현상 알아보기

- 준비물: 막대자석(大), 말굽자석, 클립 1~2통씩
- 자석에 클립을 가능한 많이 붙일 수 있는 방법 찾아보기
- 자석에서 클립이 가장 많이 붙는 부분 찾아보기

✎ **여기서 잠깐!**

1. 저학년 학생들에게 자화현상이라는 용어는 어려울 수 있으니, 철로 만들어진 물체를 자석으로 문지르면 자석의 성질을 띠게 되는 현상, 자석이 아닌 물체가 자석의 성질을 띠게 되는 것과 같이 이해하기 쉽도록 설명한다.
2. 학생들에게 스스로 실험하는 기회를 반복적으로 제공하여 실험을 통해 자석의 성질을 이해하도록 한다.

활동 2 구석구석 자석 살피기

▣ 자석의 두 극에 대해 알아보기

- 여러 가지 모양과 크기의 자석을 살펴보고, 하나의 자석에는 항상 두 개의 극이 있고 자석이 철을 당기는 힘이 가장 센 곳이 자석의 극임을 이해하기
- 자석의 극끼리 가까이 대어보고 나타나는 현상 관찰하기

활동 3 자석으로 밀고 당기고

▣ 척력과 인력 알아보기

- 두꺼운 빨대를 여러 개 준비하고 일렬로 늘어놓은 후, 그 위에 막대자석을 올려놓고 척력과 인력을 활용하여 밀고 당기기 해보기
- 바퀴의 발명과 관련지어 생각해보기

✍ 정리하기

- 실생활에서 자석이 활용되는 예를 찾아보고, 편리한 점 생각해보기
- 자석의 유용성을 이해하고, 자석의 성질 정리하기

✎ 교수·학습 과정안(3차시)

활동명	자석아, 몬스터 트럭을 밀어줘!
활동주제	좌표평면 위에서 자석으로 만든 몬스터 트럭을 이용하여 놀이하기
학습목표	1. 좌표의 이동을 활용하여 놀이에 참여할 수 있다. 2. 자석의 척력과 인력을 이용하여 물체를 이동시킬 수 있다.

자석아, 몬스터 트럭을 밀어줘!

▣ 좌표 보드게임에 대해 알아보기

- 전지사이즈 우드락에 그려놓은 보드판을 보며 놀이방법 이해하기
- 몬스터 트럭 만들기
- 준비물 : 플라스틱 컵, 바퀴, 바퀴축, 빨대, 공 모양의 스티로폼, 동그라미 스티커, 매직, 동그라미 모양의 자석, 막대, 양면테이프
- 이렇게 활동했어요!

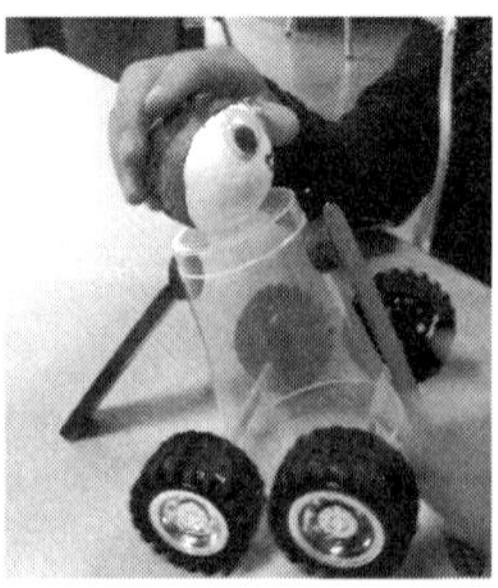

활동 1 달려라, 달려!

▣ 몬스터 트럭으로 달리기 시합하기

- 자석의 인력과 척력을 이용하여 몬스터 트럭을 자유롭게 움직일 수 있도록 연습하기

활동 2 자석아, 몬스터 트럭을 밀어줘!

▣ 좌표 보드게임하기

- 준비물: 보드판, 몬스터 트럭, 주사위, 매직, 활동지
- 활동순서

① 주사위를 던지고, 나온 숫자만큼 자신의 몬스터 트럭을 이동시킨다.

② 앞서 있는 몬스터 트럭이 있는 칸에 도착하면, 주사위를 1회 더 던지고 또 이동한다.

③ 목적지에 가장 먼저 도착하는 사람이 승리한다.

④ 자신이 움직인 좌표의 위치를 활동지에 표시하고 설명하기

⑤ 움직인 이동거리를 비교하기

✎ **여기서 잠깐!**

1. 목적지에 도착하는 것만으로 놀이를 끝내기보다는 좌표의 이동을 설명하고 이동거리를 비교하는 활동까지 마무리하도록 함으로써 좌표에 대한 이해를 돕는다.

정리하기

- 놀이활동 속에 담긴 자석의 성질과 좌표의 원리를 이해하기

저학년 활동 2

자석아, 몬스터 트럭을 밀어줘!

이름:

▣ 나의 몬스터 트럭이 이동한 경로를 표시하세요.

도착

(ㄱ,6)	(ㄴ,6)	(ㄷ,6)	(ㄹ,6)	(ㅁ,6)	(ㅂ,6)
(ㄱ,5)	(ㄴ,5)	(ㄷ,5)	(ㄹ,5)	(ㅁ,5)	(ㅂ,5)
(ㄱ,4)	(ㄴ,4)	(ㄷ,4)	(ㄹ,4)	(ㅁ,4)	(ㅂ,4)
(ㄱ,3)	(ㄴ,3)	(ㄷ,3)	(ㄹ,3)	(ㅁ,3)	(ㅂ,3)
(ㄱ,2)	(ㄴ,2)	(ㄷ,2)	(ㄹ,2)	(ㅁ,2)	(ㅂ,2)
(ㄱ,1)	(ㄴ,1)	(ㄷ,1)	(ㄹ,1)	(ㅁ,1)	(ㅂ,1)

출발

▣ 나의 몬스터 트럭이 지나간 좌표를 순서대로 쓰세요.

교사용 참고 자료

※ 위치를 나타내는 방법

위치를 설명하기 위해서는 거리와 방향을 알아야 하는데, 다음의 두 가지 방법이 있다.

(1) 방위로 나타내는 방법

어떤 지역의 위치를 다른 지역 간의 방위 관계로 나타낸 것인데, 말하는 사람의 위치에 따라 달라진다. 지도 없이 다른 사람에게 설명했을 때 위치를 빨리 찾을 수 있는 장점이 있지만, 잘 모르는 지역의 위치는 빨리 찾기 어렵고 위치가 상대적으로 나타나기 때문에 위치를 잘 이해하지 못할 수도 있는 단점이 있다.

(2) 좌표로 나타내는 방법

어떤 위치의 지역을 가로와 세로의 좌표를 이용하는 방법이다. 위치를 빨리 찾을 수 있고 위치가 정한 장점이 있는 반면, 지도 없이 위치를 설명했을 때 다른 사람이 위치를 잘 이해하지 못할 수 있는 단점이 있다. 지구상에서의 위치를 좌표로 나타낼 때에는 경도와 위도를 사용하는데, 경도는 영국의 그리니치 천문대를 기준으로 동경 180도, 서경 180도로 나뉘며 북극과 남극을 잇는 큰 원상에 나타내고, 위도는 적도를 기준으로 지구 중심에서의 위치를 나타낸다. 적도는 0도, 북극점은 북위 90도, 남극점은 남위 90도로 북극과 남극에 가까울수록 고위도이다. 우리나라 서울의 좌표는 위도 37.5°, 경도 127°이다.

※ 1, 2, 3차원과 좌표

1차원에서의 좌표는 수직선상에 나타낸다. 수직선은 일정한 간격으로 눈금을 표시하여 수를 대응시킨 직선으로, 수직선상에서의 좌표는 왼쪽 또는 오른쪽으로 이동한다.

1차원 : 수직선

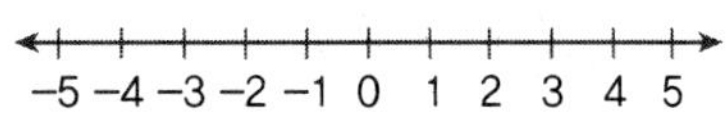

왼쪽 또는 오른쪽

2차원에서의 좌표는 평면에 순서쌍을 이용한다. 순서쌍은 두 수의 순서를 정하여 짝지어 나타낸 쌍으로, 이를 이용하여 좌표 상의 위치를 (가로 좌표, 세로 좌표)로 나타낸다. 평면상에서의 좌표는 왼쪽 또는 오른쪽, 위 또는 아래로 이동한다.

3차원에서의 좌표는 공간에서 위 또는 아래, 왼쪽 또는 오른쪽, 앞 또는 뒤의 3가지 방향으로 이동한다.

2차원 : 평면

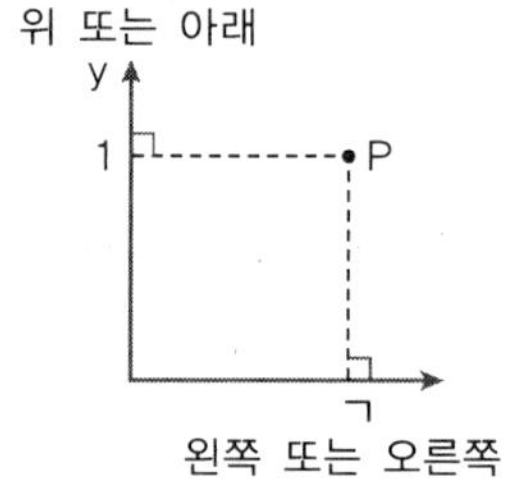

3차원 : 평면

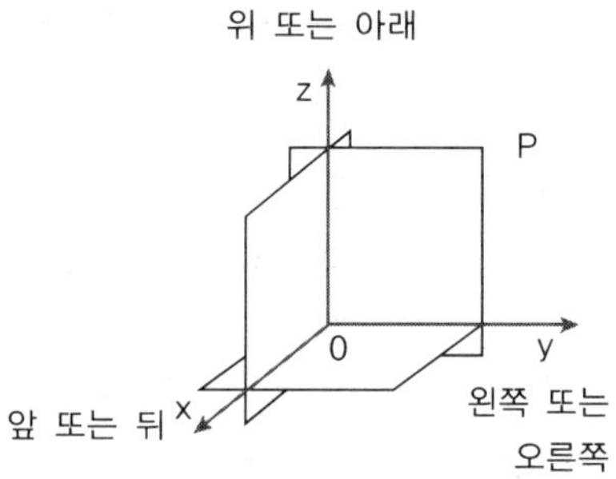

※ 몬스터 트럭 만들기

1. 준비물(플라스틱 컵, 바퀴, 바퀴축, 빨대, 공 모양의 스티로폼, 동그라미 스티커, 매직, 동그라미 모양의 자석, 막대, 양면테이프)을 준비한다.

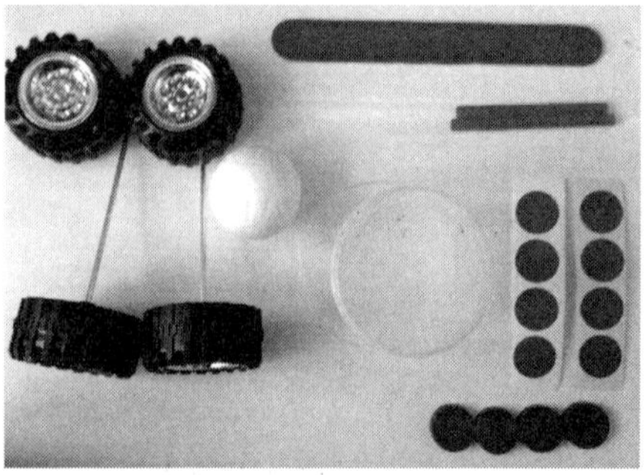

2. 컵의 아래쪽에 펀치로 구멍을 뚫어 바퀴축을 끼울 수 있도록 빨대를 장착한다.

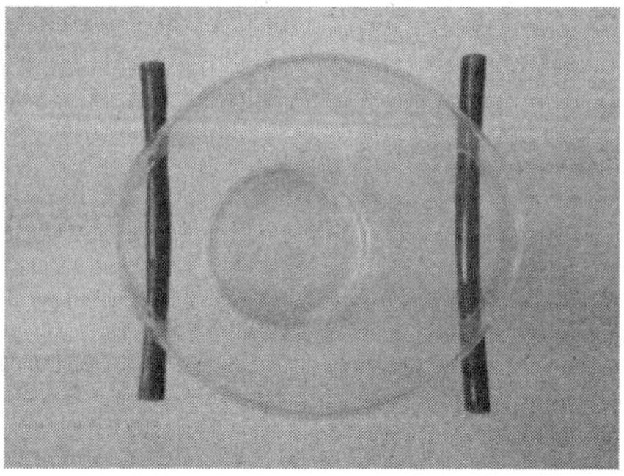

3. 빨대에 바퀴축을 끼우고 바퀴를 장착 한다.

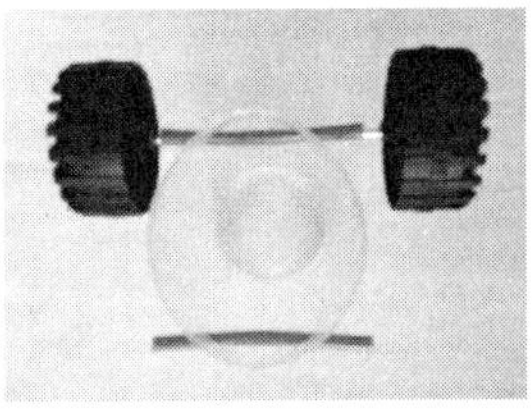

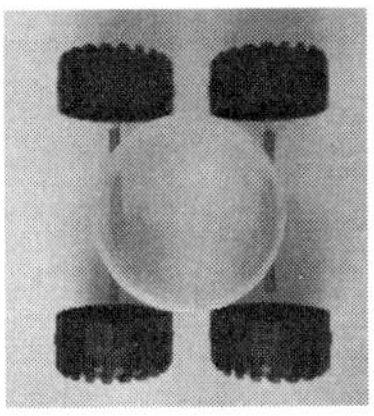

✎ 여기서 잠깐!

자동차 몸체에 해당하는 컵의 크기에 맞추어 자동차 바퀴세트의 바퀴 크기를 선택한다.

4. 막대자석으로 동그라미 자석의 극을 찾아, 빨간색 스티커(N극), 파란색 스티커(S극)로 양극을 표시한다.

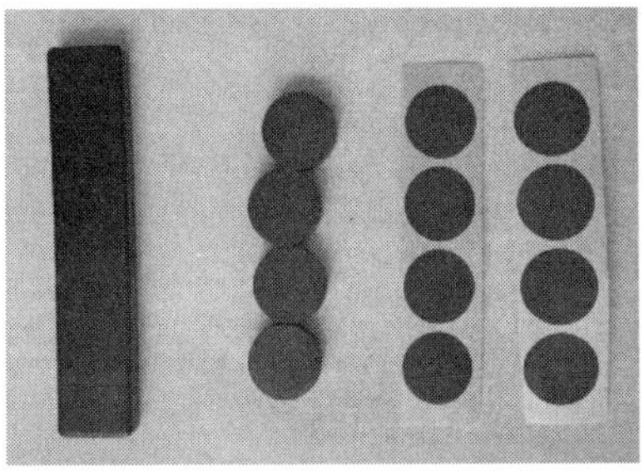

5. 양면테이프를 이용하여 동그라미 모양의 자석 2개를 몬스터 트럭의 앞과 뒤에 하나씩, 막대에도 동그라미 모양의 자석을 양 끝에 하나씩 붙여, 자석의 인력과 척력을 이용하여 움직일 수 있도록 한다.

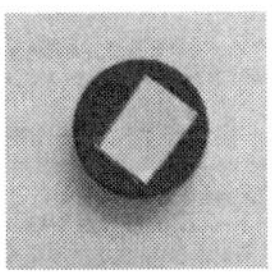

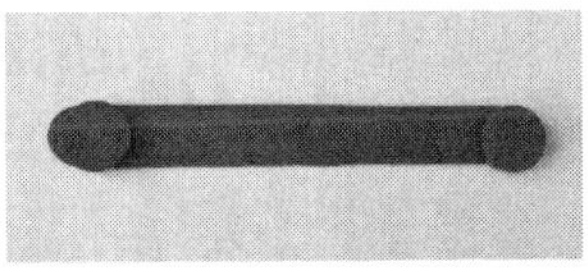

6. 공 모양의 스티로폼 공을 붙이고, 눈알, 매직 등 꾸미기 재료를 이용하여 자신의 몬스터 트럭을 완성한다.

A3 웰컴 투 방방나라!

✎ 활동 개요

본 활동은 고무줄과 용수철의 탄성에너지의 성질을 활용한 과학적 활동과 고무줄과 용수철의 늘어나는 길이 알아보기, 투석기를 활용한 길이재기 활동을 통한 수학적 활동, 융합적 탐구과정을 통한 탄성을 이용한 장난감 자동차 만들기의 활동으로 구성되어 있다. 고학년에서 다루어지는 물체의 운동에 초점을 맞추기보다는 우리 생활 속에서 쉽게 볼 수 있는 탄성에 대해 고찰해봄으로써 저학년 학생들의 탄성에너지를 이용한 다양한 수학, 과학적 활동에 중점을 두었다.

첫 번째 활동에서는 생활 속에서 용수철이 쓰인 예 찾기, 다양한 용수철과 고무줄 늘여보기, 종이 도형 늘여보기를 통해 탄성의 개념을 이해할 수 있도록 하였다.

두 번째 활동에서는 투석기의 원리를 이해하고 직접 개인 투석기를 만들어 탄성의 활용성을 탐색해볼 수 있게 하였다. 더 나아가 주변에서 볼 수 있는 물건들을 가지고 자신만의 투석기를 고안해보는 활동을 통해 학생들이 창의성과 융합적인 사고를 키울 수 있도록 하였다.

세 번째 활동에서는 앞서서 탐구해 온 탄성에너지의 성질을 활용하여 장난감 자동차를 만들어보고 길이를 재는 활동을 통하여 과학, 수학적 탐구를 할 수 있도록 하였다.

이러한 활동을 통하여 학생들은 규칙성과 도형, 길이재기를 자연스럽게 체득할 수 있을 뿐만 아니라 탄성에너지에 대한 성질을 익혀 활용해봄으로써 수학, 과학적으로 생각하고 접근할 수 있는 사고력을 기를 수 있을 것이다.

<table>
<tr><td rowspan="4">활동내용</td><td>차시</td><td>주요 활동 내용</td></tr>
<tr><td>1</td><td>◈ 탄성에너지의 세계로 떠나는 웰컴투 방방나라!
• 생활 속에서 용수철이나 고무줄이 쓰인 예 찾아보기
• 다양한 용수철과 고무줄을 늘여보기
• 지오보드 속에 고무줄을 이용한 다양한 도형을 표현해보고 탐색하기
• 종이 도형 늘여보기</td></tr>
<tr><td>2</td><td>◈ 누가 더 멀리 보내나!
• 개인 투석기를 만들어 탄성 에너지 이해하기
• 주변에서 볼 수 있는 물건들로 자신만의 투석기 고안하기</td></tr>
<tr><td>3</td><td>◈ 즐거운 탄성 에너지!
• 탄성 에너지를 활용한 장난감 자동차 만들기
• 장난감 자동차 경주하기</td></tr>
<tr><td>준비물</td><td colspan="2">용수철, 고무줄, 아이스크림 막대, 플라스틱 숟가락, 모둠 투석기, 색종이, 빨대, 어묵꼬치, 폼보드</td></tr>
</table>

- 탄성의 개념은 고학년 과학 시간에 나오는 개념이지만 저학년 학생들도 그 개념이 익숙하지 않을 뿐이지 실제 생활에서는 많은 경험을 하고 있다. 탄성의 과학적 개념에 치중해서 지도하기보다는 학생들이 실제 생활 속에서 경험하는 탄성을 2학년 수학시간에 활용하여 지도할 수 있도록 한다.
- 저학년 학생들은 실제 수업에서 조작하는 것에 흥미를 느끼고 주변의 것에 호기심이 많다. 이러한 점에 착안하여 투석기와 장난감 자동차를 만드는 활동에서 특정한 모양을 강조하기보다는 고무줄, 용수철 등의 여러 가지 재료를 활용한 길이재기 활동과 연관시켜 학생들의 현상에 대한 관심과 과학적 탐구능력, 길이재기 활동을 접목하면 학생들의 학습에 더 큰 도움을 줄 수 있다.

✎ 융합적 요소 및 교육과정과의 연계성

융합적 요소	학습 목표	교육과정
수학		
수학적 추론능력	• 더 멀리 보내기 위한 길이와 안정적인 투석기를 위한 모양을 추론할 수 있다.	■ **초등학교 1~2학년군** - 평면도형의 모양 - 길이 ■ **초등학교 3~4학년군** - 각도
개념 및 원리의 이해	• 고무줄이나 용수철을 잡아당기는 길이와 각도에 따른 탄성력의 차이를 이해한다.	
문제해결 능력 의사소통 능력	• 길이, 각도와 탄성력의 관계를 활용하여 문제를 해결할 수 있다. • 자신의 생각을 수학 용어로 설명할 수 있다.	
과학		
기본 개념 이해	• 탄성 에너지에 대한 성질을 이해한다.	■ **초등학교 3~4학년군** - 우리생활과 물질 ■ **초등학교 5~6학년군** - 에너지와 도구
현상에 대한 관심	• 고무줄, 용수철의 길이와 탄성 에너지의 관계에 관심을 갖는다. • 고무줄, 용수철의 각도와 탄성 에너지의 관계에 관심을 갖는다.	
과학적 탐구 능력	• 탄성 에너지가 커지기 위해 필요한 조건을 탐구할 수 있다.	

✎ 수업 테마

- 체험중심 : 직접 투석기를 만들어 보며 고무줄의 길이, 각도와 탄성 에너지와의 관계와 자동차 만들기를 통하여 용수철의 길이와 탄성 에너지의 관계를 체험하여 이해할 수 있도록 한다.
- 사고과정 중심 : 우리 주변의 탄성과 자신의 투석기와 자동차 만들기 활동은 탄성에 대한 이해를 심화시키고 에너지와의 관계에 대한 수학적 추론, 주변 환경에 대한 탐구와 문제 해결력을 향상시킨다.
- 수학 본질에 대한 이해 : 길이와 탄성이 우리 생활에 미치는 영향을 깨닫고 수학의 실용성에 대한 이해를 높이며 생활에서의 수학의 유용성을 발견할 수 있다.

✎ 교수·학습 과정안(1차시)

활동명	탄성에너지의 세계로 떠나는 웰컴투 방방나라!
활동주제	탄성에너지 탐색하기
학습목표	1. 탄성에너지의 특성을 탐색할 수 있다. 2. 탄성에너지의 특성을 이용한 지오보드 활동과 모둠 활동을 통하여 다양한 모양에 대한 탐색을 할 수 있다.

스파이더맨 거미줄의 비밀

- LG 사이언스의 "힘송"을 불러보며 탄성에 대한 흥미 갖기 (http://lg-sl.net/product/sciencesong/sncsong/readSncsong.mvc?sncsongId=SONG2014090001)
- 영화 스파이더맨의 거미줄을 살펴보며 탄성에너지의 의미에 대한 이야기 나누기

활동 1 고무줄과 용수철의 힘

- 우리 주변의 다양한 고무줄과 용수철의 쓰임에 대해 알아보고 체험해 본다.
- 활동 순서
  ① 우리 주변에서 볼 수 있는 고무줄과 용수철을 활용한 예 탐색하기
  ② 다양한 고무줄과 용수철을 늘여보고 길이를 재어보며 탄성의 성질 탐색하기
  ③ 어떤 특성을 지녔을 때 더 길이가 늘어나나 모둠별로 토의하기

활동 2 탄성은 요술쟁이

- 지오보드와 종이를 활용한 탄성의 의미를 탐색하기
- 활동 순서
  ① 지오보드를 활용하여 고무줄로 여러 가지 도형을 만들어 보며 고무줄의 탄성 탐색하기
  ② 색종이 오리기를 통하여 종이를 늘여보기
  ③ 늘어나는 도형나라
    - 고무줄과 색종이를 활용하여 늘어나는 도형에 대해 탐색
    - 모둠별로 "늘어나는 도형나라"를 통하여 수학적 체험하기
- 이렇게 활동했어요!

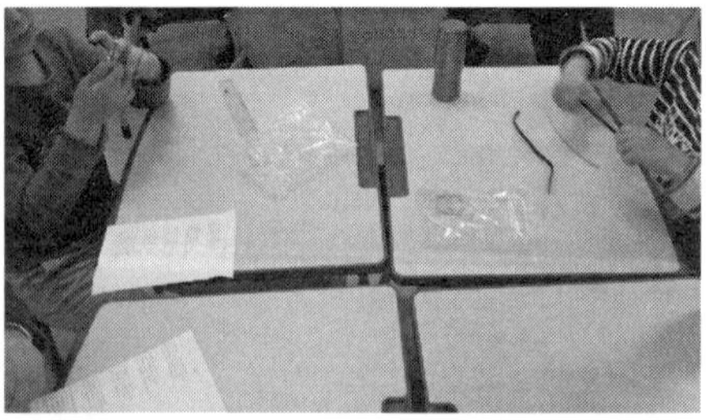

✎ 여기서 잠깐!

1. 종이를 잘라 늘이는 것을 과학적으로 탄성이라고 할 수 없으나 학생들이 손쉽게 조작할 수 있는 범위 내에서 탄성의 의미를 체험해보게 한다.
2. 학생들이 만든 도형의 이름을 직접 붙여봄으로써 수학적 언어의 의미를 체험해보도록 한다.

✍ 정리하기

- 우리 주변의 탄성의 쓰임을 정리해보고 특징을 정리해보기

저학년 활동 2

탄성은 요술쟁이

이름:

▣ 내가 만든 도형 이름

▣ 내가 만든 도형의 특징은

▣ 탄성의 특징은

✎ 교수·학습 과정안(2차시)

활동명	누가 더 멀리 보내나
활동주제	주변에서 볼 수 있는 재료를 활용하여 투석기 만들기
학습목표	1. 주변의 물건을 활용하여 투석기를 만들 수 있다. 2. 자신이 고안한 투석기를 활용하여 물체를 멀리 보낼 수 있다.

투석기에 대하여 알아보기

- ‘클래시 오브 클랜’ 광고 살펴보기
  - 탄성이 쓰인 예 찾기
- 역사 속의 투석기 살펴보기(〈교사용 참고 자료〉 참고)
  - 투석기의 원리에 대해 탐색하기

활동 1 투석기의 재료를 찾아라

- 우리 주변에서 투석기에 사용될 수 있는 물건을 찾아보고 탐색하기
- 활동 순서
  ① 투석기의 재료 찾기
  -주변의 물건을 멀리 나아가게 하는 재료 탐색하기
  ② 나만의 투석기 만들기
  -주어진 재료 탐색하기
  -자신만의 투석기 만들기

활동 2 누가 더 멀리 보내나

- 자신이 만든 투석기로 시합을 하여 물건을 멀리 보내기
- 활동 순서
  ① 투석기에 공깃돌이나 지우개 등을 놓고 멀리 보내기
  ② 자신의 투석기 수정하기
  ③ "누가 더 멀리 보내나" 시합하기
  -줄자를 이용하여 길이를 재고 기록하여 최고 기록 알아보기
  -최고 기록 투석기를 살펴보고 탄성과 길이의 관계를 토의하기
- 이렇게 활동했어요!

✎ 여기서 잠깐!

1. 우리 주변의 물체를 이용하여 투석기 장난감을 만들어봄으로써 학생들의 흥미를 높일 수 있다. 모양에 구애받지 않고 다양하게 자신의 생각을 창의적으로 표현해보는 활동을 통하여 과학적 탐구활동을 할 수 있다.
2. 투석기를 이용하여 물체를 멀리 나아가게 하는 탄성의 원리를 이해하고 물건이 나아간 거리를 어림하기와 자로 재어봄으로써 길이에 대한 양감과 길이재기 활동을 자연스럽게 익힐 수 있다.

✍ 정리하기

- 정확하고 멀리 나가게 하려면 어떻게 해야 하는지 탄성에 대하여 알아보기

저학년 활동 2

나만의 투석기!

이름:

▣ 고대의 투석기를 살펴봅시다.

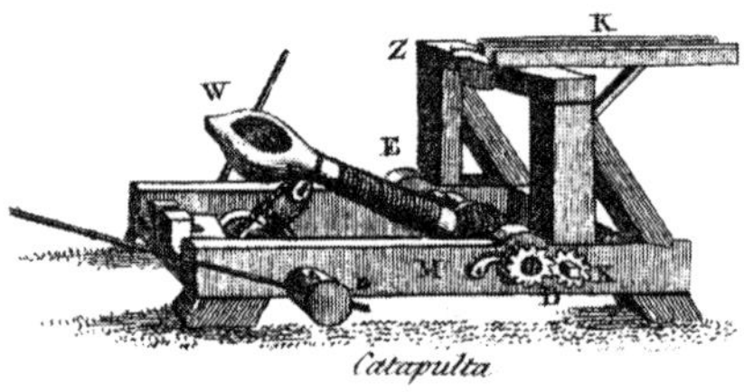

▣ 나만의 투석기를 디자인해 보세요.

✎ 교수·학습 과정안(3차시)

활동명	즐거운 탄성에너지
활동주제	탄성을 활용한 자동차를 만들어 경주하기
학습목표	1. 물체를 이용하여 장난감 자동차를 만들 수 있다. 2. 탄성에너지의 특성을 활용한 자동차 경주를 할 수 있다.

탄성 장난감 알아보기

- 고양이를 춤추게 만드는 고양이 장난감 동영상 보기
  http://blog.naver.com/maneul84?Redirect=Log&logNo=50117850352&jumpingVid=8D8991054232E03D50649D6A553FBF3DD2BF
  – 장난감에서 탄성을 이용하여 쓰인 예 찾기

활동 1 탄성으로 나아가는 장난감 자동차 만들기

- 주어진 재료를 살펴보고 나만의 자동차 만들기
- 활동 순서
  ① 자동차 디자이너
    – 주어진 재료를 활용하여 어떤 자동차를 만들지 탐색하고 디자인하기
  ② 자동차 만들기
    – 용수철과 고무줄을 활용하여 장난감 자동차 만들기

활동 2 붕붕 자동차 경주

- 자신이 만든 자동차로 경주하기
- 활동 순서
  ① 탄성을 이용한 자동차를 이용하여 나아가게 하고 길이재기
  ② 자신만의 자동차 보완하기
  ③ "붕붕 자동차 경주" 시합하기
    – 줄자를 이용하여 길이를 재고 기록하여 최고의 기록 알아보기
    – 잘 나아가는 자동차를 살펴보고 특징에 대하여 토의하기
- 이렇게 활동했어요!

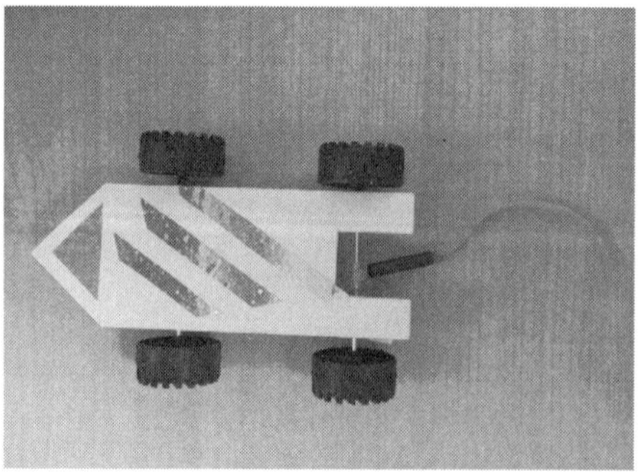

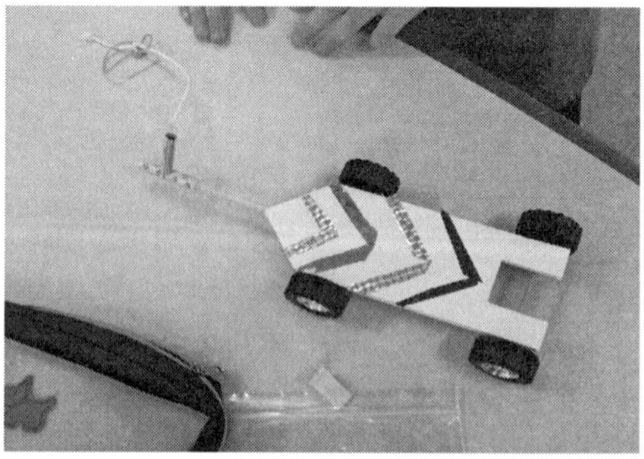

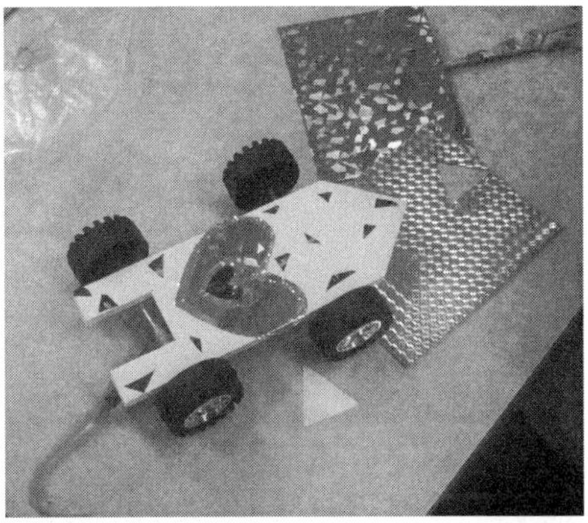

✎ 여기서 잠깐!

1. 학생들은 경쟁 심리가 있어 본 활동의 목적을 잊고 탄성을 활용하지 않은 자동차를 만들거나 경주에서 힘으로 자동차를 밀어 보내는 행동을 할 수 있으므로 이 활동의 목적을 분명히 밝혀 두어야 학습 목표에 도달할 수 있다.
2. 홀로그램 시트지를 사용하면 화려한 효과를 낼 수 있으며 접착력이 있어 학생들이 활동하기에 용이하다. 홀로그램 시트지를 사용할 때 단순히 미적 감각의 디자인이 아닌 학생들이 배운 도형을 활용하게 함으로써 디자인도 수학과 밀접한 관련이 있다는 사실을 체득할 수 있다.

✍ 정리하기

- 장난감 자동차 만들기 활동을 통한 탄성에너지의 특성을 정리하기

저학년 활동 1

탄성으로 나아가는 장난감

이름:

■ 장난감 자동차를 만들어 보아요.

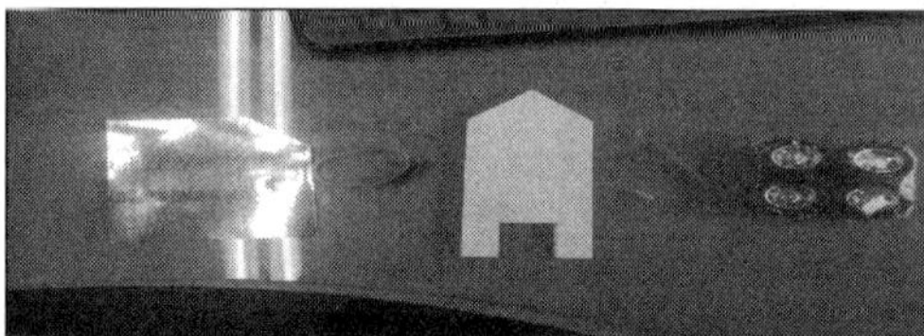	
① 준비물을 확인해요. (홀로그램시트지, 용수철, 고무줄, 빨대, 바퀴)	② 바퀴 한쪽에 쇠봉을 끼우고 긴 빨대를 끼운 다음 바퀴를 끼우고 꾹 누른다.
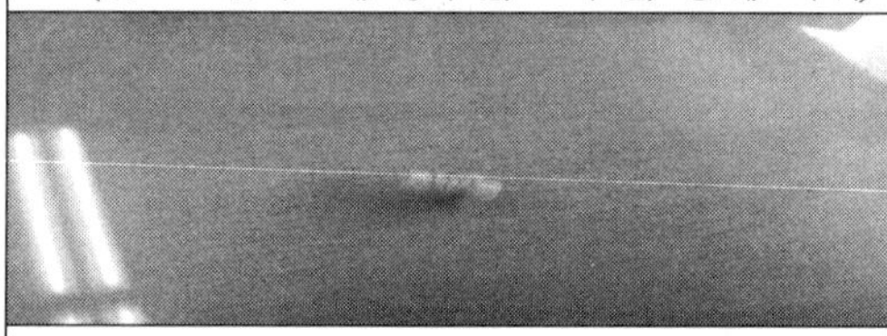	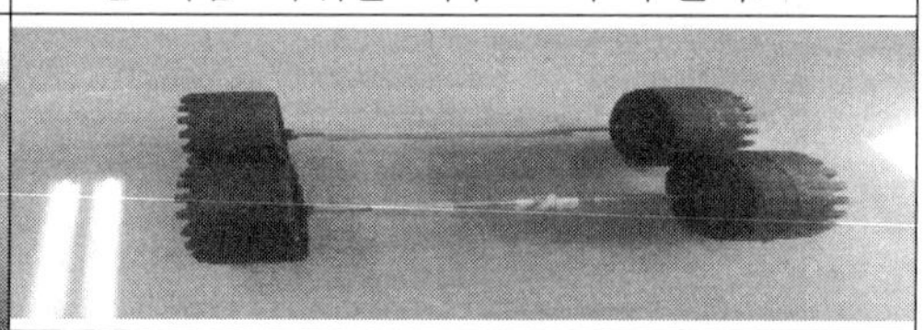
③ 작은 빨대에 색 고무줄을 5번 만다.	④ 앞바퀴 뒤바퀴를 완성한다.
	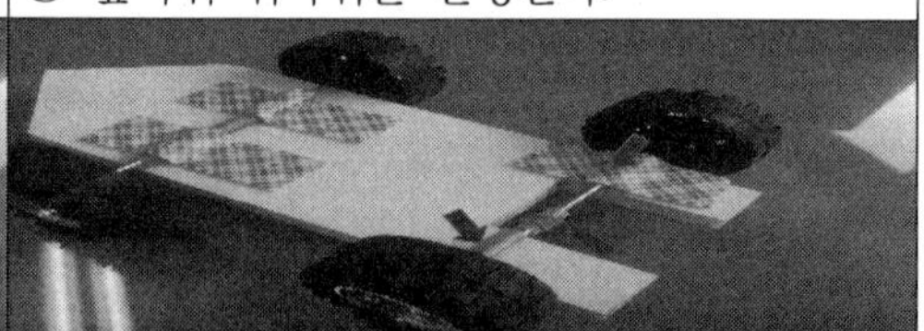
⑤ 긴 빨대가 있는 바퀴는 앞쪽에 테이프로 고정시킨다.	⑥ 짧은 빨대가 있는 바퀴는 빨대 위에 테이프가 오도록 고정하고 고무줄이 감긴 빨대는 가운데 움직일 수 있도록 한다.

⑦ 자른 고무줄 한쪽을 용수철에 묶은 후 용수철의 나머지 한쪽은 고무줄이 감긴 빨대에 고정시킨다.	⑧ 홀로그램시트지로 꾸며 완성한다.

교사용 참고 자료

※ 탄성 자동차 만들기

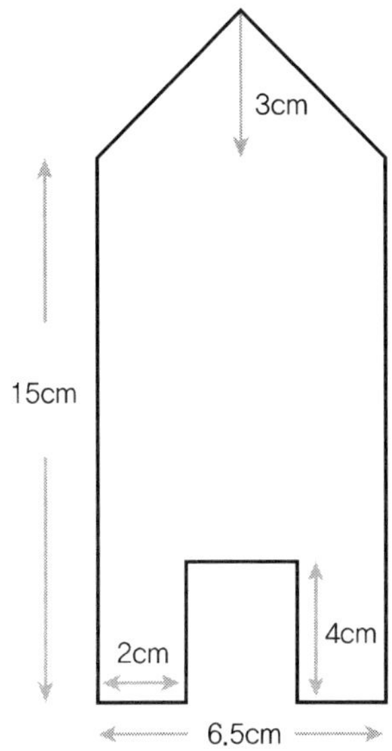

장난감 자동차는 학생들의 만들기 도구로서 유용하게 쓰이며 여러 가지 재료를 활용하여 사용할 수 있다. "붕붕 나만의 자동차"는 탄성을 활용하여 만들었으며 고무줄과 용수철을 사용하여 다양하게 활용될 수 있다. 이 수업에서는 자동차의 본체가 될 수 있는 기본안을 폼보드를 활용하여 제작하였다. 폼보드는 우드락과 달리 쉽게 부숴지지 않는다는 점과 폼보드의 표면이 스티로폼이 아니어서 색칠 도구나 종이 등을 붙여서 꾸밀 수 있기 때문에 학습용 도구로 유용하다. 본 활동안에서는 폼보드를 활용한 기본 도안을 사용하여 다양하게 활용할 수 있다는 점에서 이를 소개하고자 한다.

※ 역사 속 투석기

http://terms.naver.com/entry.nhn?docId=798375&cid=43121&categoryId=43121	투석기 (출처: 《죽기 전에 꼭 알아야 할 세상을 바꾼 발명품 1001》, 잭 첼로서 지음, 이사빈 옮김, 마로니에북스, 2010.)
알렉산드로스 시대 공성무기 http://terms.naver.com/entry.nhn?docId=1835987&cid=43073&categoryId=43073	▸ 카타풀트(투석기) ▸ 발리스타(투창기) (출처 : 《세계전쟁사 다이제스트 100》, 정도웅, 가람기획, 2010.)
중국의 투석기 http://navercast.naver.com/contents.nhn?rid=257&contents_id=25847	▸ 송나라의 투석기(출처 : 함규진)
중세 유럽의 투석기 http://cafe.naver.com/fpsddd/33	▸ 트레뷰셋

참고문헌

교육과학기술부(2012). 2009 개정 교육과정 수학과 교육과정(교육과학기술부 고시 제 3011-361호). 서울: 우신기획.

교육과학기술부(2013a), 수학: 초등학교 교사용 지도서 2-1. 서울: 두산동아.

교육과학기술부(2013b), 수학: 초등학교 교사용 지도서 4-1. 서울: 두산동아.

교육과학기술부(2013c), 과학: 초등학교 교사용 지도서 3-1. 서울: 두산동아.

교육과학기술부(2013d), 과학: 초등학교 교사용 지도서 6-2. 서울: 두산동아.

데이비드 A, 소사 외(2014). STEAM; 융합인재교육의 이론과 실제. 서울: 다비치books.

한은아, 이수진, 김민경(2015). 수학·과학 융합 수업 개발 및 적용 사례(저학년): 탄성에너지의 세계로 떠나는 웰컴 투 방방나라. 2015 한국수학교육학회 춘계학술대회 프로시딩 461-466.

융합인재교육 • STEAM •

Part B

초등학교 중학년(3~4학년) 수학 · 과학 융합 수업

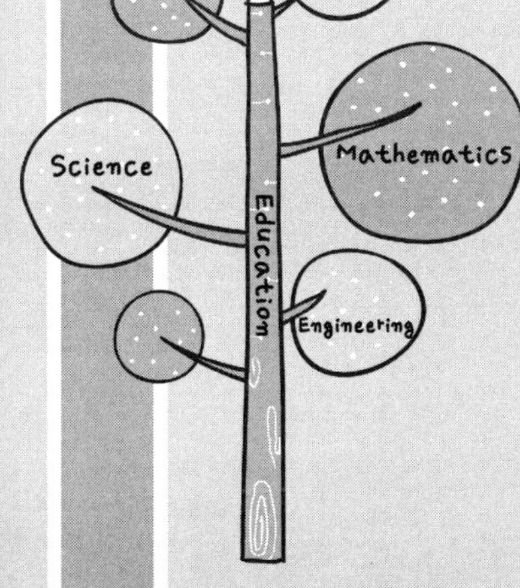

B1 착시세상, 믿거나 말거나!

✎ 활동 개요

본 활동은 수직과 평행, 패턴, 차원에 대한 수학적 이해와 시각과 인지에 대한 과학의 이해를 기반으로 한 수업으로 수학과 과학에 대한 이해를 통합적으로 활용하여 옵아트 작품을 만들어보는 활동으로 구성되어 있다.

첫 번째 활동에서는 수직과 평행의 원리와 특징을 알아보고 같은 크기의 나무 블록인 카프라를 활용해 기차선로를 완성하고 착시를 일으키는 여러 선분들의 길이와 관계를 탐색해 본 후 '에임스 방'(Ames room)을 완성하여 같은 크기의 모형이 다르게 보이는 원리를 파악한다.

두 번째 활동에서는 '눈'을 통해 관찰한 것이 '뇌'를 거치면서 다르게 인식되는 현상과 미술 작품 속에 나타난 원근법과 착시의 관계를 살펴보고 착시 작품으로 유명한 에셔의 작품이 2차원 평면에서는 가능해 보이지만 과연 현실의 3차원 세계에서도 가능할 것인가에 대해서 탐색하고 탐구한 내용을 적용하여 착시 사진을 찍어본다.

마지막으로는 패턴에 대한 이해를 바탕으로 옵아트의 기법을 활용한 '나만의 우편엽서'를 만든다. 일상생활에서 발견할 수 있는 패턴은 무엇인지 생각해보고 문제 상황에서 단계별로 무엇이 반복되고 있는가를 찾아 무늬를 완성한다. 앞서 패턴에 대해 새롭게 이해한 내용을 옵아트의 기법을 활용하여 나만의 엽서를 만들기에 적용한다.

착시는 학생들에게 매우 매력적인 소재이며 여러 교과에서 각각 가르치고 있는 개념과 지식들을 융합할 수 있는 주제이기도 하다. 일상생활에서 흔히 볼 수 있으면서도 학생들의 흥미를 자극하기에 적합한 착시현상을 주제로 하는 활동을 통해 학생들은 착시현상과 관련된 수학과 과학을 개념을 쉽게 이해할 수 있을 것이다. 새로운 착시현상을 만들어보는 수업활동을 통해 학생들은 수학과 과학에 대해 높은 흥미를 갖고 적극적인 자세로 참여하여 스스로 문제를 해결하는 성공의 경험을 갖게 될 것이며, 수학적 사고 능력과 과학적 탐구 능력뿐만 아니라 창의적 문제해결력도 함께 길러질 것이다.

	차시	주요 활동 내용
활동내용	1	◈ 수직과 평행의 원리를 탐색하고 착시 사진에서 길이와 관계 비교하기 • 수직, 평행에 대한 수학적 내용 탐색하여 기찻길 완성하기 • 길이가 다르게 보이는 선분들의 길이 재보고 제시된 선분들의 관계가 평행인지 살펴보기 • '에임스 방'을 만들고 다르게 보이는 이유 알아보기
	2	◈ 작시 현상을 2차원과 3차원에서 탐구해보기 • 평면(2차원)에서 가능해 보이는 예술작품이 입체(3차원)에서도 가능한지 탐구 • 재미있는 착시 사진 구상하고 찍어보기
	3	◈ 내가 만드는 옵아트 엽서 • 수학의 패턴을 이해하여 무늬 계획하기 • 패턴을 이해하고 적용하여 옵아트 엽서 만들기
준비물	카프라, 여러 가지 착시 그림, 자, 에임스 방(Ames room) 전개도, 스크루 1공 펀치, 셀로판테이프(양면테이프), 카메라, 학습지, 색연필, 관제엽서	

• 수직과 평행의 개념은 초등학교 3학년 교육과정에서 다루어지는 내용은 아니지만 기찻길과 같은 소재를 통해 일상생활에서 직관적으로 이해하고 있는 것을 통해 수직과 평행에 관한 개념을 이끌어내도록 한다. 또한 패턴에 대하여 단순히 그림이나 숫자가 반복되는 모습을 보고 다음 혹은 그 다음의 답을 찾는 활동이라는 생각에서 한 걸음 더 나아가 학생들이 지금 벌어지고 있는 어떤 현상을 관찰하고, 관찰한 것을 문자로 표현하여 그 사이에서 규칙을 발견하고 앞으로 일어날 현상을 예측하는 것과 관련됨을 이해할 수 있도록 돕는다.

✎ 융합적 요소 및 교육과정과의 연계성

<table>
<tr><th>융합적 요소</th><th>학습 목표</th><th>교육과정</th></tr>
<tr><td colspan="3">수학</td></tr>
<tr><td>수학적 추론능력</td><td>• 두 직선의 관계를 추론할 수 있다.
• 패턴의 변화를 인식하고 예측할 수 있다.</td><td rowspan="3">■ 초등학교 3~4학년군
- 각과 평면도형
- 각도

■ 초등학교 1~6학년군
- 규칙성과 문제해결</td></tr>
<tr><td>개념 및 원리의 이해</td><td>• 두 직선이 직각으로 만나 생기는 수직 관계를 이해하고 특징을 알 수 있다.
• 평행선 사이의 거리는 항상 일정한 평행선의 성질을 이해할 수 있다.</td></tr>
<tr><td>문제해결 능력
의사소통 능력</td><td>• 수직, 평행을 활용하여 추론하여 주어진 문제를 해결할 수 있다.
• 반복되는 패턴을 적용하여 착시를 일으키는 도안을 만들 수 있다.</td></tr>
<tr><td colspan="3">과학</td></tr>
<tr><td>기본 개념 이해</td><td>• 눈은 시각정보를 수집하여 뇌로 전달하여 우리가 본 것을 인식할 수 있다.</td><td rowspan="3">■ 초등학교 5~6학년군
- 우리의 몸

■ 중학교 1~3학년군
- 자극과 반응</td></tr>
<tr><td>현상에 대한 관심</td><td>• 눈으로 본 것과 우리의 뇌가 인식하는 것 사이에 차이가 생겨 착시 현상이 일어난다.</td></tr>
<tr><td>과학적 탐구 능력</td><td>• 감각기관이 수집한 정보가 뇌를 거치면서 다르게 해석되는 현상을 활용하여 옵아트로 표현할 수 있다.</td></tr>
</table>

✎ 수업 테마

- 직업체험 : 예술가가 되어 옵아트 엽서를 만들어 보고, 착시를 활용하는 일과 직업이 무엇인지 생각해 본다.
- 포토에세이 : 원근법에 대해 이해한 내용을 활용해 착시현상이 나타나도록 재미있는 착시사진을 구상하여 사진을 찍고 작품에 대한 의견을 나눈다.

✎ 교수·학습 과정안(1차시)

활동명	수직과 평행은 착시의 친구!
활동주제	수직과 평행을 이해하고 관련된 착시현상 확인하기
학습목표	1. 수직과 평행을 이해하고 문제해결에 적용할 수 있다. 2. 에임스 방(Ames room)에서 나타나는 착시 현상의 이유를 설명할 수 있다.

각에 대한 선수지식 공유

- 일상생활에서 직관적으로 이해하고 있는 각에 대해 이야기 나누기
- '산신령님과 돌도끼'이야기를 듣고 원시인이 잃어버린 돌도끼 찾아주기 : 도끼머리는 직각삼각형 모양이고 도끼머리의 밑면과 도끼 자루가 수직인 돌도끼를 찾기
- 직각, 예각, 둔각, 평면에서의 직선의 위치에 관계에 대해 이야기 나눔

활동 1 기찻길을 만들어요!

▣ 두 직선의 관계에 대한 이해

- '기찻길의 끝이 맞닿아 기차가 달릴 수 없는 상황' 해결하기
- 활동 순서
  - ① 수직과 평행의 원리 탐구
    - −두 직선의 관계
    - −수직과 수선
    - −평행과 평행선
    - −평행선의 성질
  - ② 문제 해결 방안 논의
    - −기차선로와 침목은 수직, 두 선로는 평행이 되는 방법 생각하기
  - ③ 카프라(KAPLA)를 활용하여 기차가 달릴 수 있는 기차선로 놓기
    - −직육면체 모양의 나무 블록인 카프라 준비하여 선로를 받쳐주는 침목과 선로가 수직이 되고, 두 선로는 평행하도록 카프라를 활용하여 기차의 선로 완성하기
- 이렇게 활동했어요!

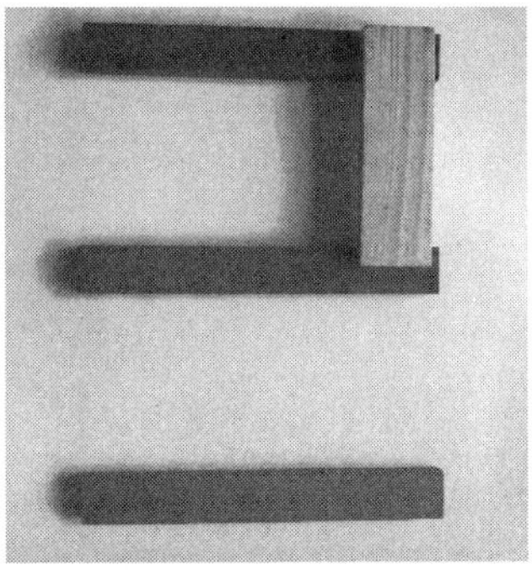

✎ 여기서 잠깐!

• 직육면체 모양의 나무 블록인 카프라의 모서리 부분이 직각이며 카프라의 모양과 크기가 같다는 점에 착안하여 직각과 평행의 요소를 활용하여 문제를 해결하도록 한다.

활동 2 길고 짧은 것은 대봐야 알지!

▣ 실제와 보는 것이 다른 두 직선의 관계 파악하기

• 길이가 다르게 보이는 두 선분의 길이를 자로 재어 비교하기
• 구부려져 보이거나, 평행으로 보이지 않는 선분을 모눈방안지를 이용하여 확인하기

활동 3 에임스 방(Ames room) 만들기

▣ 수직과 평행으로 착시현상 밝혀내기

• 전개도를 차례로 접고 테이프로 붙여 에임스 방 완성하기
• 순서
  ① 같은 크기의 모형을 전개도의 정해진 자리에 세움
  ② 전개도를 보고 차례로 접기
  ③ 셀로판테이프로 단단하게 고정
  ④ 작은 구멍으로 같은 크기의 모형이 어떻게 보이는지 확인
• 같은 모양과 크기의 두 모형이 다르게 보이는 이유 알아보기
• 이렇게 활동했어요!

✎ 여기서 잠깐!

1. 에임스 방(Ames room) 전개도는 미리 잘라서 준비하며 접착면에 양면테이프를 붙여 단단하게 고정한다.
2. 전개도에서 두 개의 모형을 끼우도록 표시된 부분에 모형을 고정하고 모형의 크기를 관찰하거나 두 부분을 연결하여 칼로 자른 뒤 모형을 한쪽 끝에서 반대쪽 끝까지 이동시키며 관찰하면 크기 변화를 더욱 실감나게 볼 수 있다.

✍ 정리하기

- 수직과 평행의 개념 정리하기

중학년 활동 2

길고 짧은 것은 대봐야 알지!

이름:

▣ 아래 그림의 두 선의 길이를 자로 재어봅시다.

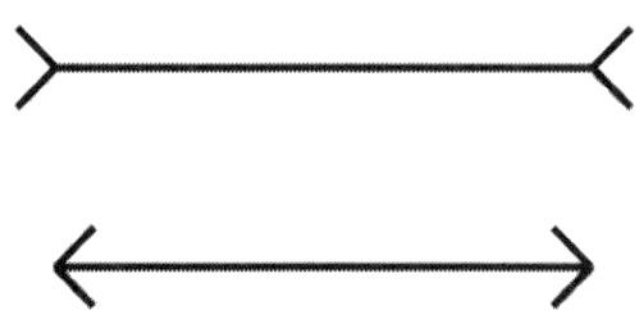

위 (　　　)cm
아래 (　　　)cm

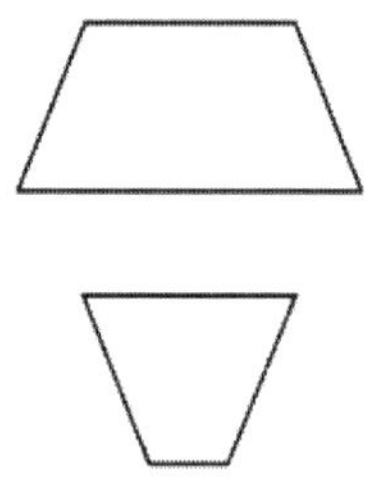

위 (　　　)cm
아래 (　　　)cm

▣ 모눈 기름종이를 이용하여 그림에 있는 사람들의 크기를 비교해보세요.

길고 짧은 것은 대봐야 알지!

활동 2

중학년

이름:

▣ 모눈 기름종이를 이용하여 문제를 해결해보세요.

1. 다음 그림에 있는 가로로 긴 선분은 직선일까요?

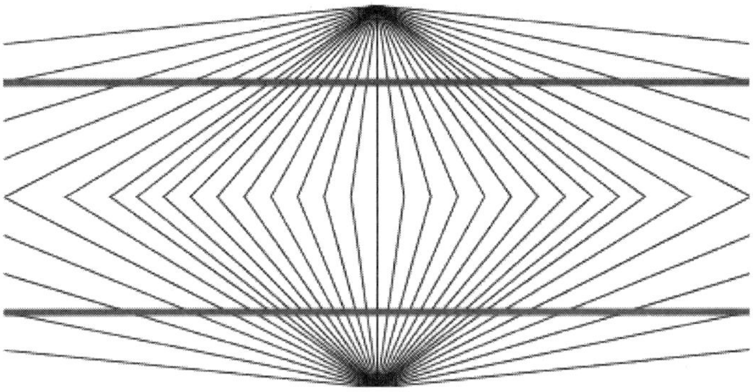

2. 다음의 직선은 평행일까요?

✎ 교수·학습 과정안(2차시)

활동명	2차원과 3차원 사이에서 생긴 일
활동주제	평면(2차원)에서는 가능하지만 입체(3차원)에서는 불가능한 착시 그림 찾기
학습목표	1. 평면(2차원)에서 가능해 보이는 예술작품이 입체(3차원)에서도 가능한지 알 수 있다. 2. 재미있는 착시 사진 구상하고 찍을 수 있다.

내 눈을 믿어요?

▣ 물리적 착시현상 탐구

• 물리적 착시를 일으키는 여러 가지 그림을 보고 그 이유 생각해보기

〈출처 : http://ko.wikipedia.org/wiki/%EC%B0%A9%EC%8B%9C_%EB%AA%A9%EB%A1%9D#mediaviewer/%ED%8C%8C%EC%9D%BC:Grid_illusion.svg〉

〈출처 : http://ko.wikipedia.org/wiki/%EC%B0%A9%EC%8B%9C_%EB%AA%A9%EB%A1%9D#mediaviewer/%ED%8C%8C%EC%9D%BC:Grey_square_optical_illusion.svg〉

활동 1 우리 눈의 구조와 착시

▣ 시각과 시지각의 관계

- 눈의 구조와 시각에 대해 알아보기
- 눈으로 보는 것과 뇌로 인지하는 것 사이의 차이와 이유 생각해보기

활동 2 2차원과 3차원 사이

▣ 점, 선, 면, 입체의 특징 살피기

- 점, 선, 면, 입체를 1, 2, 3차원과 관련하여 이해
- 미술 작품 속 원근법을 찾아라!
  - 원근법에 따른 착시현상 탐구하기
  - 원근법이 잘 드러난 미술 작품 감상
  - 원근법을 통해 3차원을 2차원으로 표현하는 것이 가능했음을 이해
- 에셔의 여러 작품을 감상하며 입체로도 가능한지 탐색해보기
  http://www.mcescher.com에 가면 에셔의 작품을 볼 수 있음
- 평면상으로는 가능해 보이는 에셔의 Ascending & Descending(1960)과 Waterfall (1961) 등의 작품이 입체로도 가능한지 살펴보고 근거를 들어 설명하기
- 에셔 작품을 3차원으로 만들었을 때의 결과를 보여주는 동영상을 통해 결과 확인 (http://www.youtube.com/watch?v=cmr4HqjSSw4#t=78)

활동 3 우리가 만들어보는 재미있는 착시 사진

▣ 착시 사진 찍고 감상하기

- 원근법의 원리를 활용하여 재미있는 착시 사진을 모둠이 함께 구상하고 찍어보기
- 모둠별로 사진을 구상하게 된 과정과 기획의도에 대해 발표하기
- 다른 모둠의 사진을 감상한 후 느낌 나누기

- 이렇게 활동했어요!

✎ 여기서 잠깐!

1. 학생들의 영감을 자극할 수 있는 참고작품을 제시한다. 모둠별 토의를 통해 학생들이 자유롭게 착시사진을 구상하도록 격려하고, 학생들이 구상한 내용이 사진으로 잘 표현될 수 있도록 돕는다.
2. 착시 사진을 찍으러 나가기 전에 모둠별로 충분히 논의가 되도록 하고 야외에서 사진을 찍을 때에는 안전사고에 유의한다.

정리하기

- 평면(2차원)과 입체(3차원)의 특징에 대해 설명하기

우리가 만드는 착시 사진

활동 3

중학년

이름:

▣ 원근법의 원리를 생각하며 모둠 친구들과 함께 재미있는 착시사진의 아이디어를 자유롭게 구상하여 보세요.

✎ 교수·학습 과정안(3차시)

활동명	내가 만들어 보는 착시세상!
활동주제	패턴을 활용하여 옵아트 엽서 만들기
학습목표	1. 패턴이 나타나는 규칙을 이해하여 패턴 그려보기 2. 옵아트를 활용하여 착시그림 그려보기

우리 주변의 패턴에 대한 인식

- 《아주 멋진 실수》(신순재 글, 김복태 그림, 아이세움, 2002)를 읽으며 일상생활에서 패턴이 활용되는 예 찾아보기
- 반복되는 패턴에 의해 그림이 움직이는 것처럼 보이는 착시그림 감상하고 의견 나누기

활동 1 무늬를 완성하라!

▣ 반복되는 패턴을 찾아 무늬 완성하기

- 한 가지 규칙에 따라 변화하는 무늬의 1, 2, …, n번째 모양 예측하기
- 두 가지 이상의 규칙에 따라 각기 다르게 변화하며 만들어지는 무늬의 1, 2, …, n번째 모양 예측하기
- 자연 속에서 패턴으로 인해 일어나는 착시현상 생각해보기

활동 2 옵아트를 활용하여 나만의 엽서 만들기

▣ 옵아트 기법을 활용한 엽서 만들기

- 활동순서

① 자신이 좋아하는 문구를 엽서 가운데에 쓰기

② 자신이 쓴 문구를 감싸는 테두리 그리기

③ 테두리에 불규칙하게 선 긋기

④ 선위에 불규칙하게 점을 찍어 곡선으로 연결하는 과정을 반복

⑤ 자신이 정한 규칙에 따라 색칠하여 완성하기

✎ **여기서 잠깐!**

- 문구를 쓰지 않는 경우에는 엽서의 가운데 부분에 구불구불한 선을 그리고 불규칙하게 점을 찍고 곡선으로 연결하는 과정을 반복함.

- 이렇게 활동했어요!

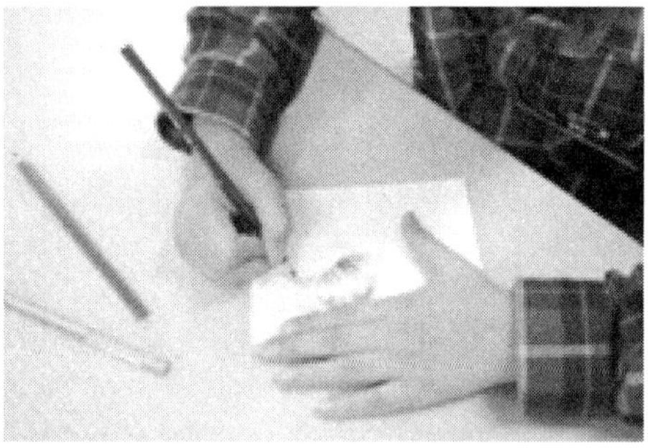
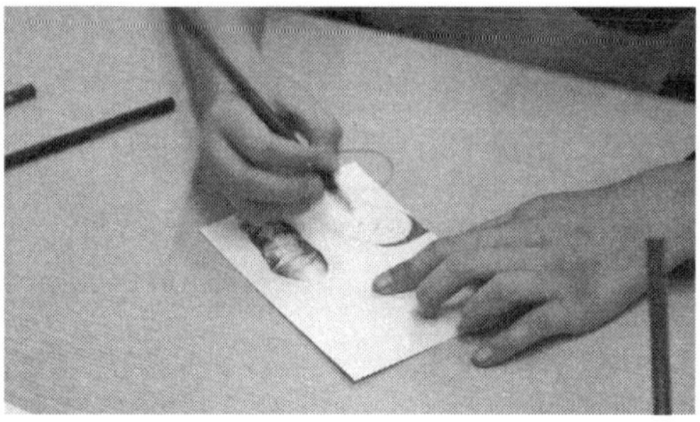

✎ 여기서 잠깐!

1. 학생 스스로 자신이 만든 규칙을 적용하여 패턴이 나타나게 표현하도록 돕는다.
2. 색칠할 때 가운데는 밝게, 양쪽 끝은 어둡게 표현하면 입체감을 살려 표현할 수 있으며 3~5가지 색깔을 사용하는 것이 패턴을 나타나는데 좋다.
3. 학생들이 만든 서로의 옵아트 엽서들을 감상할 수 있는 시간을 갖도록 한다.

✍ 정리하기

- 나만의 엽서 만들기에 활용된 수학과 과학의 원리에 대해 정리하기
- 작품 감상과 수업 참여에 대한 소감이나 흥미로운 점 나누기

교사용 참고 자료

※ 에임스 방

에임스 방(Ames room)은 공간이 왜곡되어 착시를 유도하기 위해 만들어진 방으로 헬름홀츠(Hermann Helmholtz)의 글에서 영향을 받은 것으로 보이며 미국 안과의사인 에임스(Adelbert Ames, Jr.)가 1934년에 고안하여 다음 해에 만들어졌다.

에임스 방에 대한 어떠한 단서도 없이 작은 구멍을 통해 한쪽 눈으로 들여다 볼 때, 앞에서 보면 보통의 정육면체 모양으로 보이며 뒤에는 벽면이 하나, 양옆에는 평행한 두 개의 벽면이 마주보고 있으며 천장과 바닥은 수평과 직각인 것처럼 보이도록 구상되었다. 그러나 이것은 원근법에 의한 속임수로 실제로 이 방은 사다리꼴 모양을 하고 있다. 벽들은 기울었고, 천장과 바닥은 비스듬하고, 오른쪽 모서리는 왼쪽 모서리보다 관찰자가 있는 앞쪽으로 튀어나와 있다(그 반대의 모양도 가능하다). 착시의 결과로 한쪽 모서리에 있는 사람은 거대하게 보이고, 반대쪽 코너에 있는 사람은 작게 보인다. 이 착시 현상은 너무나도 설득력이 있어서 사람이 왼쪽에서 오른쪽으로 앞뒤로 걸을 때 점점 커지거나 점점 작아지는 것처럼 보이도록 한다.

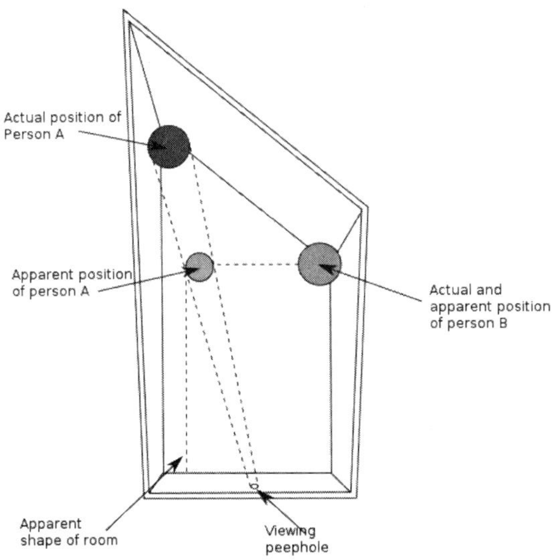

〈출처: http://en.wikipedia.org/wiki/Ames_room〉

연구에서는 벽이나 천장이 없이도 이런 착시 현상이 일어날 수 있다고 한다. 적절한 배경에 누가 봐도 분명한 수평선(실제로는 수평이 아님)을 제시하는 것만으로도 충분하며 눈은 그 (가짜) 수평선 위의 물체의 상대적인 높이를 믿게 된다.

※ 스크루 1공 펀치

에임스 방 안을 관찰하기 위한 구멍을 에임스 방 전개도에 뚫을 때에 사용한다. 일반적으로 사용하는 사무용 펀치의 경우 구멍을 낼 수 있는 범위가 한정되어 있기 때문에 관찰하기에 적절한 위치에 구멍을 내기가 쉽지 않다. 스크루 1공 펀치는 본체를 구입하지 않고 펀치 날과 핸들만 구입해도 사용이 가능하다. 전개도 아래에 두꺼운 종이나 고무판을 대고 전개도 원하는 위치에 스크루 1공 펀치를 대고 돌리면 쉽게 구멍을 낼 수 있다. 스크루 1공 펀치는 보기보다 펀치 날이 날카로우므로 바닥에 두꺼운 종이나 고무판을 대고 사용하며 주변 어른의 도움을 받도록 한다.

B2 명탐정 똘똘이의 경주 보물 완전 정복!

✎ 활동 개요

본 활동은 도형과 비와 비율, 대칭과 균형, 무게중심에 관한 개념 이해를 중심으로 경주의 불국사와 첨성대, 석굴암 등의 문화재를 살펴보고 수학과 과학에 대한 이해를 통합적으로 활용하여 경주의 문화재를 재해석하여 새로 만들어 보는 활동으로 구성되어 있다.

첫 번째 활동에서는 건축물을 구성하는 디자인의 다섯 가지 요소를 알아보고 이러한 요소 중 비례는 수학적으로, 대칭과 균형은 과학적으로 접근하여 탐구하였다. 단위 길이를 통해 비례를 알아보고 건축물에서의 대칭을 찾아본 뒤 균형을 잡기 위해 무게중심이 중요함을 알고 무게중심을 탐구하는 활동을 한다.

두 번째 활동에서는 경주의 불국사, 석굴암, 첨성대의 여러 특징을 여러 평면 도형과 입체도형의 요소를 통해 탐색하고 문화재의 도면에 나타나는 도형과 각, 그리고 단위 길이를 도입을 통해 비의 요소를 탐구하도록 안내하고 안정적인 건축물이 가져야할 요소들을 파악할 수 있도록 한다.

마지막으로는 문화재가 가지는 본래의 목적과 의미를 생각하며 카프라를 중심으로 여러 가지 재료를 활용하여 문화재 본래의 의미와 균형미를 살려 재구성하는 활동이 이루어진다.

건축은 수학과 과학의 원리를 활용한 융합수업에 활용하기에 좋은 학습 주제로 건축을 통해 수학과 과학의 원리를 함께 살펴봄으로써 과학적 원리를 체득하게 되고 수학 교과의 본래 목적에 대해 생각하는 계기를 마련하고자 한다.

<table>
<tr><th></th><th>차시</th><th>주요 활동 내용</th></tr>
<tr><td rowspan="2">활동내용</td><td>1</td><td>◈ 건축물의 디자인 원리인 비례와 대칭, 균형의 원리 탐구하기
• 건축물 디자인의 다섯 가지 원리 알아보기
• 비례의 요소를 통해 건축물을 수학적으로 탐구하기
• 대칭과 균형의 요소인 무게중심을 이해하고 깡통로봇 무게중심 찾기</td></tr>
<tr><td>2-3</td><td>◈ 카프라로 경주 문화재 재구성하기
• 불국사, 석굴암, 첨성내 속의 비례와 무게중심 요소 찾기
• 카프라의 특징을 탐색하고 간단한 입체물 만들기
• 주어진 조건에 맞도록 카프라로 경주 문화재의 건축 원리를 활용하여 재구성하기
• 다른 모둠의 작품을 감상하며 기획 의도와 특징이 결과에 어떻게 반영되었는지 의견 나누기</td></tr>
<tr><td>준비물</td><td colspan="2">깡통 로봇 그림, 가위, 클립, 색연필, 카프라</td></tr>
</table>

- 비와 비례는 6학년 수학 교육과정에서 다루는 내용이지만 학생들은 일상생활에서 길이와 너비를 '배'의 개념으로 표현하여 사용한다. 단위 길이를 도입하여 단위길이의 '몇 배'라는 표현을 통해 비와 비례를 이해하고 문제 해결에 활용할 수 있도록 한다.
- 카프라 등의 여러 가지 재료를 활용하여 건축물을 만들 때에는 단순한 활동으로부터 시작하여 학생들이 무게 중심의 원리를 이해하고 안정적인 구조물을 만들 수 있도록 한다.

✎ 융합적 요소 및 교육과정과의 연계성

<table>
<tr><th>융합적 요소</th><th>학습 목표</th><th>교육과정</th></tr>
<tr><td colspan="3">수학</td></tr>
<tr><td>수학적 추론능력</td><td>• 공간을 구성하는 요소들 간의 관계를 파악하여 규칙성을 추론할 수 있다.</td><td>■ 초등학교 1~2학년군
- 규칙성 찾기</td></tr>
<tr><td>개념 및 원리의 이해</td><td>• 공간을 구성하는 구성 요소 간의 관계를 탐구하는 활동을 통해 비와 비례, 무게 중심의 원리를 이해할 수 있다.</td><td>■ 초등학교 3~4학년군
- 도형의 기초
- 원의 구성요소</td></tr>
<tr><td>문제해결 능력
의사소통 능력</td><td>• 도형, 비례에 대한 이해와 의사소통을 통해 새로운 문제를 해결할 수 있다.</td><td>■ 초등학교 5~6학년군
- 비와 비례</td></tr>
<tr><td colspan="3">과학</td></tr>
<tr><td>기본 개념 이해</td><td>• 건축물을 구성하는 물체 사이의 힘의 원리를 이해할 수 있다.</td><td rowspan="3">■ 초등학교 3~4학년군
- 물체의 무게

■ 중학교 1~3학년군
- 힘과 운동
- 일과 에너지 전환</td></tr>
<tr><td>현상에 대한 관심</td><td>• 여러 건축물에서 건축물이 균형을 이루고 안정적으로 건축물을 지탱하는 원리를 탐색한다.</td></tr>
<tr><td>과학적 탐구 능력</td><td>• 여러 구성 요소가 균형을 이루는 안정적인 구조를 탐구한다.</td></tr>
</table>

✎ 수업 테마

- 체험중심 : 카프라나 여러 다양한 재료를 손으로 조작하여 안정적인 건축물을 만들어보는 체험활동은 구체적 조작기의 학생들에게 적합하며 학생들의 사고 발달을 자극할 수 있다.
- 사고과정 중심 : 안정적인 구조를 갖게 하는 여러 가지 원리와 특징에 대해 토론하는 활동을 통해 수학적 추론, 수학적 의사소통을 통한 수학적 문제 해결력 향상을 돕는다.
- 수학 본질에 대한 이해 : 실생활 속의 건축과 연계한 활동을 통해 수학에 대한 긍정적인 태도를 기르고 문제 상황을 수리·논리적 사고를 통하여 합리적으로 해결하는 사고력을 키우도록 한다.

✎ 교수·학습 과정안(1차시)

활동명	건축물 탐구, 비례와 균형에 주목하라!
활동주제	디자인의 원리에서 찾은 수학과 과학의 원리 탐구하기
학습목표	1. 비례가 입체물의 디자인에 어떠한 영향을 미치는지 알 수 있다. 2. 입체물이 균형을 이루는 요인을 알 수 있다.

경주, 얼마만큼 알고 있니?

- 커다란 경주 지도를 보며 경주의 대표적인 문화재들 살펴보기
- Quiz! 경주? 경주!!
  - 경주에 관련된 여러 가지 문제 풀기

활동 1 디자인을 이끌어가는 다섯 가지 원리

▣ 디자인의 원리에서 수학과학 연결고리 찾기

• 활동 순서

① 디자인을 이끌어가는 다섯 가지 원리

원리 1) 비례(Proportion) : 부분과 부분, 부분과 전체 사이의 크기 관계

원리 2) 대칭(Symmetry), 균형(Balance) : 대칭적 균형과 비대칭적 균형, 완전 대칭과 중심성의 관계

원리 3) 대비(Contrast) : 색채의 대비 이외에도 다양한 대립되는 요소에 의해 생김

원리 4) 리듬(Rhythm) : 요소의 반복에 의해 생성

원리 5) 스케일(Scale), 척도 : 비례가 형태와 공간의 수학적 관계에 의한 사항이라면 스케일은 심리적으로 우리의 눈에 어떻게 인지되느냐에 관한 것으로 주로 크기와 관련

〈출처 : 《건축조형디자인론》, 김홍기, 기문당, 2001〉

② 디자인의 원리에서 수학 · 과학 연결고리 찾기

– 수학의 열쇠 : 평면도형, 입체 도형, 비와 비례 등

– 과학의 열쇠 : 수평잡기, 균형, 무게중심, 힘과 운동 등

활동 2 균형, 대칭과 비대칭 사이!

▣ 균형의 의미 탐색

• 활동 순서

① 건축물의 대칭과 비대칭 구조

– 대칭적 균형 : 완전 대칭 건물은 권력과 질서를 나타냄

: 권위적 건축물이나 기념건축물, 종교건축물

– 비대칭적 균형 : 양측의 무게는 다르지만 중심의 이동에 의해 평형 이룸

〈출처 : 《건축조형디자인론》, 김홍기, 기문당, 2001〉

② 여러 건축물 사진에서 대칭과 비대칭 구조 찾아보기

활동 3 힘내라! 깡통로봇!

▣ 무게 중심 찾기

- 깡통로봇을 가위로 오린 뒤 깡통로봇의 양손에 클립을 끼워 준비
- 순서

  ① 대칭, 비대칭인 모양에서 무게중심 찾는 방법 알아보기

  ② 무게 중심을 찾아 깡통로봇이 물구나무를 잘 설 수 있도록 도와주기

  ③ 무게중심 찾아 균형 잡기
- 이렇게 활동했어요!

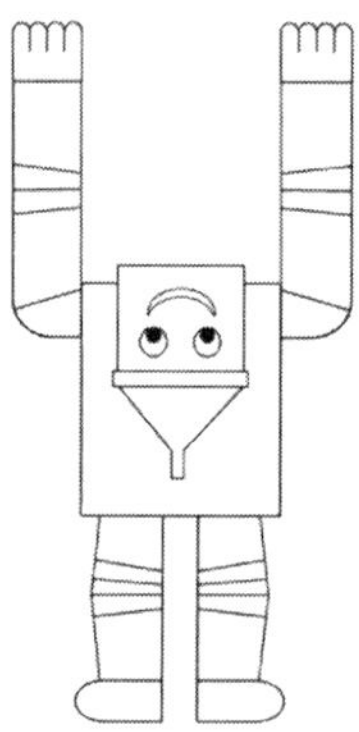

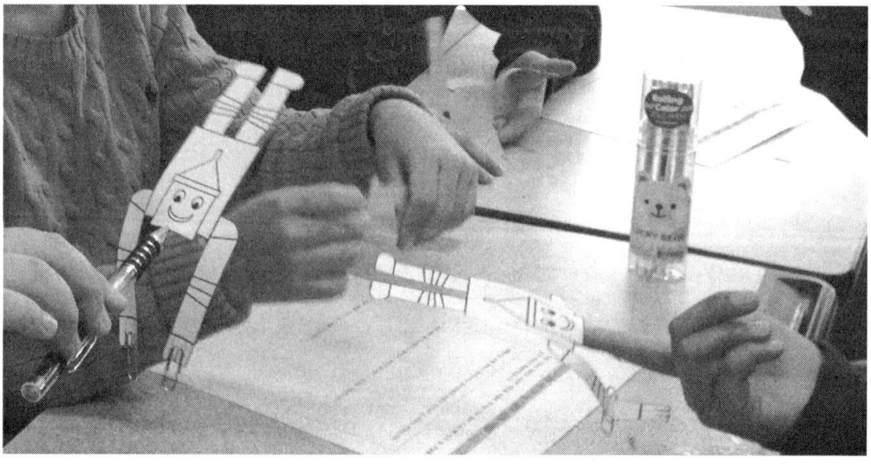

✎ 여기서 잠깐!

1. 대칭인 모양으로 무게 중심을 찾는 활동을 통해 무게중심의 특징을 이해한 후 다양한 비대칭 모양에서 무게중심을 찾는 활동을 추가할 수 있다.

✍ 정리하기

- 건축물에서의 대칭과 균형의 역할 및 중요성 정리하기

중학년 활동 3

힘내라, 깡통 로봇!

이름:

▣ 다음의 물구나무 서는 깡통로봇의 균형을 잡아보세요.

- 활동 순서
  - ① 깡통로봇을 가위로 오리기
  - ② 깡통로봇의 양손에 클립을 끼우기
  - ③ 손가락이나 연필 끝을 이용하여 깡통로봇의 무게 중심을 찾기
  - ④ 깡통 로봇이 물구나무를 잘 설 수 있도록 균형 유지하기

✎ 교수·학습 과정안(2-3차시)

활동명	카프라로 경주 문화재 재구성하기
활동주제	건축물이 균형을 이루는 원리를 활용하여 카프라로 건축물 만들기
학습목표	1. 건축물이 균형을 이루는 원리를 이해할 수 있다. 2. 무게 중심과 균형을 고려하여 협동하여 건축물을 만들 수 있다.

건축물 속의 여러 구조 찾기

- 세계 여러 나라의 대표적인 건축물 살펴보기
  - 여러 건축물에서 균형과 조화의 예 찾기
  - 에펠탑(아치 구조, 트러스 구조), 피사의 사탑(무게 중심), 불국사(아치 구조) 등

활동 1 경주 문화재속의 숨은 비밀 찾기

- 불국사, 석굴암, 첨성대의 사진과 도면, 그림 등의 자료에서 비와 비율, 균형의 요소를 탐색하기
- 활동 순서

① 불국사의 비밀 찾기

- 비와 비율 : 불국사 구름계단(칭운교, 백운교)의 구고현(계단의 높이 : 밑면 : 길이의 비는 3:4:5)
- 대칭 : 범영루와 좌경루, 석가탑과 다보탑 등
- 석등 위치의 비밀(석등은 대웅전, 삼층석탑, 다보탑이 만드는 정삼각형의 무게중심에 서 있음)

〈참고 자료 : 《우리 겨레는 수학의 달인》, 안소정, 창비, 2010/동아사이언스 http://www.dongascience.com/news/view/-5205644/bef〉

② 석굴암의 비밀 찾기

- 비와 비율 : 본존불상의 균제비례

(석굴암 본존불상의 얼굴 너비는 당시 사용한 단위로 2.2자, 가슴 폭은 4.4자, 어깨 폭은 6.6자, 양 무릎의 너비는 8.8자로 '얼굴 : 가슴 : 어깨 : 무릎'의 비는 내보면 '1 : 2 : 3 : 4'가 됨. 또한 기준이 된 1.1자는 본존불상 전체 높이의 10분의 1인데 10분의 1 비율은 기원전 25년 헬레니즘 사상가인 비트루비우스가 주창한 '균제비례(Symmetry)'와 맞아떨어짐)

- 대칭 : 석굴암의 구조

〈참고 자료 : http://article.joins.com/news/article/article.asp?ctg=12&Total_ID=242321 《우리 겨레는 수학의 달인》, 안소정 글, 최현정 그림, 창비/《불국사와 석굴암》, 문명대, 주니어 김영사〉

③ 첨성대의 비밀 찾기

- 비와 비례 : 첨성대를 구성하는 구고현의 원리('천장석의 대각선 길이 : 기단석의 대각선 길이 : 첨성대 높이'의 비는 '3 : 4 : 5')
- 힘과 운동 : 석축 구조
- 무게중심 : 첨성대의 구조

〈참고 자료 : http://article.joins.com/news/article/article.asp?ctg=12&Total_ID=242321

《우리 겨레는 수학의 달인》, 안소정, 창비/《불국사와 석굴암》, 문명대, 주니어 김영사〉

활동 2 카프라와 친해지길 바라!

- 카프라의 특징을 살펴보기
- 카프라로 만든 여러 입체물의 예를 살펴보고 특징 알아보기
- 무게중심, 힘의 분산, 중력의 원리를 고려하여 간단한 입체물 만들어보기
- 이렇게 활동했어요!

✎ 여기서 잠깐!

1. 카프라로 활용하여 간단한 입체 구조를 만드는 과정을 통해서 카프라의 특징을 탐색하고 입체 구조를 만들 때 균형과 안정감을 갖도록 하는 방법을 익히도록 한다.

활동 3 명탐정 똘똘이의 경주 문화재 재탄생을 도와주세요!

- 활동 순서

  ① 미션을 해결할 때 만족해야 하는 조건
  - 불국사, 석굴암, 첨성대의 건축 요소 포함할 것
  - 새로운 구조를 갖도록 설계
  - 모둠원 모두의 공동 작업이어야 함

  ② 여러 경주 문화재에 나타난 비례와 균형의 원리 다시 생각해보기

③ 모둠이 함께 새 건축물을 구상하고 만들어보기

④ 모둠별로 건축물의 기획 과정과 기획 의도에 대해 발표하기 : 다른 모둠의 발표 내용을 듣고 기획 의도가 결과에 잘 드러났는지를 판단하고 의견 나누기

• 이렇게 활동했어요!

✎ 여기서 잠깐!

1. 학생들의 창작 동기를 유발할 수 있는 참고작품을 제시한다. 모둠별 토의를 통해 불국사, 석굴암, 첨성대뿐만 아니라 건축물에서 찾은 비례와 균형의 요소를 포함하는 건축

물을 구성할 수 있도록 돕는다.

2. 건축물을 구상하는데 충분한 시간을 제공하고, 건축물을 구상하는 과정에서 카프라가 한꺼번에 무너지지 않도록 구조물 사이의 간격을 유지하도록 한다.

✍ 정리하기

- 실제 건축물을 만들 때 고려해야 할 중요한 원리에 대해 이야기 나누고 관련된 수학, 과학의 개념을 정리한다.

중학년 활동 3

경주 문화재 재탄생

이름:

▣ 불국사, 석굴암, 첨성대의 건축 요소 중 무엇을 응용하고자 하나요?

▣ '주제'를 정하고, 아이디어 스케치를 해보세요.

교사용 참고 자료

※ 피타고라스 정리와 구고현

"직각삼각형의 세 변 사이에서 직각을 낀 두 변 길이의 제곱의 합은 빗변의 길이의 제곱과 같다"라고 증명한 피타고라스 정리는 피타고라스가 증명하기 이전에도 중국과 이집트, 인도, 바빌로니아 등의 지역에서 발견된 오래된 문서에 피타고라스 정리와 관련된 이론들이 남아 있다고 한다. 중국의 수학서인 《주비산경》에서도 피타고라스 정리와 비슷한 구고현의 정리(구(句)가 3, 고(般)가 4이면 현은 5가 되는 것)가 그림으로 증명되어 있다. 직각삼각형에서 직각을 낀 두 변 중 짧은 변은 구(句), 긴 변은 고(般), 나머지 가장 긴 변을 현(弦)이라 한다.

※ 카프라(KAPLA)

카프라(Kapla)는 어린이와 어른을 위한 나무 블록으로 높이 : 폭 : 길이의 비가 1 : 3 : 15의 크기로 정해진 소나무로 만든 블록이다. 카프라 블록은 중력이 작용하는 곳에서 여러 개를 쌓아 구조를 만들며 접합부가 없고 접착제를 사용하지 않는다. 블록은 하나의 정해진 크기와 모양으로 정밀하게 잘라져 있어 큰 구조물의 안정성에 도움을 준다. 각 카프라 블록은 1 : 3 : 15의 비율이며, 직육면체 모양으로 가장 긴 쪽의 길이는 12cm(4¾인치)이다.

〈출처 : http://en.wikipedia.org/wiki/Kapla〉

B3 거북선과 수학대첩

✎ 활동 개요

본 활동은 도형과 각, 패턴, 상징에 대한 수학적 이해와 작용과 반작용에 대한 과학의 이해를 기반으로 한 수업으로, 임진왜란을 승리로 이끈 거북선의 구조와 무기, 전술을 수학과 과학의 통합적 활용을 통해 이해하고 체험해 볼 수 있도록 구성되어 있다.

첫 번째 활동에서는 도형과 각의 개념을 이용하여 사진 및 동영상 자료로 제시된 판옥선과 거북선의 구조를 탐색해보며 테셀레이션과 각 개념이 거북선의 등 구조에 어떻게 적용되었는지, 판옥선의 U자형 바닥 구조가 갖는 전술적 이점은 무엇인지를 이해하고, 이를 바탕으로 학익진 전법을 통한 조선 수군의 승리 비법을 파악한다.

두 번째 활동에서는 뉴턴의 운동 제3법칙인 작용과 반작용의 원리에 대한 이해를 바탕으로 거북선의 주력 무기였던 총통, 신기전 등의 화약 무기를 살펴보고, 화약 무기가 어떻게 발사될 수 있었는지 작용과 반작용 원리를 토대로 토의해본 후 풍선 로켓 만들기 실험을 통해 적용해본다.

마지막으로는 패턴과 상징에 대한 이해를 바탕으로 이순신 장군이 만든 조선 수군의 통신 방법이었던 '신호연'에 대해 알아보고, '신호연'의 예를 활용하여 패턴과 상징을 기반으로 수학적 상상력을 발휘하여 문제 상황에 적합한 '신호연'을 완성해 본 후 다양한 '신호연'의 실제 패턴 및 상징과 비교·분석해본다.

거북선, 이순신, 임진왜란 등은 한국사에서 비중 있게 다루는 내용일 뿐만 아니라 임진왜란과 화약 무기 등은 영화의 소재로 활용되어 대중적으로 널리 알려진 주제이다. 학생들은 각종 대중매체와 교과 학습을 통해 익히 알고 있는 거북선을 비롯한 여러 소재들을 수학을 중심으로 여러 개념과 지식을 융합하여 직접 탐색해보고 적용해보면서 기존의 지식을 더욱 깊이 있고 폭 넓게 확장시켜 나갈 수 있을 것이다. 이러한 과정은 학생들이 각 교과 및 분야에서 학습한 내용에 대한 단편적인 이해와 사고를 뛰어 넘어 다른 교과 및 분야의 개념과 융합하여 이해하고 사고할 수 있는 경험을 마련해주며, 자신이 갖고 있던 지식 틀을 흥미를 갖고 유연하게 넓혀 나가는 하나의 디딤돌이 될 것이다.

<table>
<tr><th rowspan="4">활
동
내
용</th><th>차시</th><th>주요 활동 내용</th></tr>
<tr><td>1</td><td>◈ 도형과 각의 개념을 바탕으로 판옥선 및 거북선의 구조 탐색하기
• 임진왜란의 수전을 승리로 이끈 판옥선과 거북선 탐색해보기
• 테셀레이션과 각 개념을 바탕으로 거북선 등 구조의 전술적 이점 살펴보기
• 조선 판옥선의 U자 바닥 구조와 일본 안택선의 V자 바닥 구조의 비교를 통해 학익진 전법의 성공 이해하기</td></tr>
<tr><td>2</td><td>◈ 거북선의 화약 무기 탐구하기
• 거북선의 주력 무기인 총통과 신기전 알아보기
• 작용과 반작용의 원리를 바탕으로 화약 무기 발사 이해하기
• 풍선 로켓 만들기 실험</td></tr>
<tr><td>3</td><td>◈ 조선 수군만의 암호, ‘신호연’ 그리기!
• 조선 수군의 통신과 전술 신호의 수단, 신호연 살펴보기
• 패턴과 상징을 이해하고 적용하여 ‘신호연’ 완성하기</td></tr>
<tr><td>준
비
물</td><td colspan="2">판옥선·거북선·화약 무기(총통, 신기전 위주)·신호연에 대한 다양한 사진 및 영상 자료, 풍선, 종이컵, 실, 색연필, A4 용지</td></tr>
</table>

- 도형과 각의 개념은 수학과 교육과정의 3~4학년군 내용을 토대로 하여 다룬다. 도형 영역에서는 정다각형 개념과 ‘주어진 도형을 여러 가지 모양으로 덮을 수 있다’는 성취기준을 바탕으로 거북선의 등 구조가 육각형의 테셀레이션으로 되어 있는 점과 그 까닭을 살펴본다. 측정 영역에서는 각도에 대한 개념뿐만이 아니라 거북선 등의 각도를 측정해보는 체험 활동 등을 경험해본다. 이를 통해 도형과 각이라는 수학적 개념이 거북선에 어떻게 구체화되어 나타났으며, 해전에서 유용하게 활용되었는지를 스스로 생각해볼 수 있다. 또한 패턴과 관련된 내용은 교육과정의 규칙성 영역과 연계하되, 단순히 개념적 측면만을 다루는 것이 아니라 이순신 장군이 통신과 전술의 신호 수단으로 ‘신호연’을 만들 때 왜 규칙과 패턴을 고려하며 암호를 만들었는지 그 까닭을 추측해볼 수 있도록 이끈다. 이를 통해 학생들이 규칙의 필요성에 대해 고민하고 깨달을 수 있도록 돕는다.

✎ 융합적 요소 및 교육과정과의 연계성

융합적 요소	학습 목표	교육과정
수학		
수학적 추론능력	• 각도의 변화에 따른 특징을 추론할 수 있다. • 물체와 무늬의 배열에서 규칙과 패턴을 찾고, 이를 예측하여 물제와 무늬를 배열할 수 있다.	**■ 초등학교 3~4학년군** - 각도 - 평면도형 - 평면도형의 이동 **■ 초등학교 1~6학년군** - 규칙성과 문제해결
개념 및 원리의 이해	• 각도에 따라 기울기가 어떻게 변화하는지 알 수 있다. • 다양한 정다각형의 특징을 알고 이와 관련하여 테셀레이션 구조를 이해할 수 있다.	
문제해결 능력 의사소통 능력	• 여러 가지 평면도형을 이해하고 활용하여 주어진 문제를 해결할 수 있다. • 평면도형의 이동을 이용하여 상징적 의미를 갖는 무늬를 만들고, 일정한 패턴에 따라 신호연을 만들 수 있다.	
과학		
기본 개념 이해	• 힘은 두 물체 사이의 상호작용이며, 두 물체가 서로 작용을 미치고 있을 때 한 물체가 다른 물체에 힘을 가하면, 힘을 받은 물체도 힘을 가한 물체에 크기가 같고 방향이 반대인 힘을 동시에 가한다.	**■ 초등학교 5~6학년군** - 물체의 빠르기 **■ 초등학교 1~3학년군** - 힘과 운동
현상에 대한 관심	• 바람이 풍선 밖으로 나오면서 풍선로켓이 반대방향의 힘을 받아 움직이는 것을 알 수 있다.	
과학적 탐구 능력	• 작용과 반작용의 원리를 바탕으로 화약 무기가 발사되는 원리와 과정을 탐구할 수 있다.	

✎ 수업 테마

- 체험중심: 풍선 로켓을 직접 실험해보면서 작용과 반작용의 과학적 원리를 더 쉽게 이해할 수 있고, 조선 수군의 통신체계였던 신호연을 만들어보는 활동을 통해 패턴에 대한 이해와 수학적 상상력을 발휘할 수 있다.
- 사고과정중심: 도형과 각의 개념을 바탕으로 판옥선과 거북선의 구조를 탐색하고 어떤 전략적 이점이 있을지 토론할 수 있다. 작용과 반작용의 원리에 의해 화약 무기가 어떻게 발사되는지 이해하고, 이것이 거북선의 무기인 총통과 신기전에 어떻게 적용되었는지 탐구할 수 있다.
- 수학본질에 대한 이해: 거북선, 화력 무기, 신호연 등 전쟁의 위기를 극복하게 해준 다양한 수단 속에 담겨진 수학본질의 추상성과 계통성, 실용성을 알 수 있다.

✎ 교수·학습 과정안(1차시)

활동명	거북선 완전 정복!
활동주제	도형과 각의 개념을 바탕으로 판옥선 및 거북선의 구조 탐색하기
학습목표	1. 도형과 각의 개념을 문제해결에 적용할 수 있다. 2. 거북선의 등 구조와 판옥선의 바닥 구조에서 나타나는 수·과학적 개념을 전술적 이점과 관련지어 설명할 수 있다.

임진왜란과 거북선에 대한 기초 지식 공유

- 영화 '명량'에 대한 짧은 동영상을 보며, 영화에서 나타난 조선 수군의 배와 무기에 대해 흥미와 관심 갖기
- 각종 대중 매체와 책을 통해 알고 있는 임진왜란과 거북선에 대해 이야기 나누기

활동 1 판옥선과 거북선, 그것이 알고 싶다!

▣ 각과 도형 개념을 중심으로 판옥선과 거북선 탐색하기

- 판옥선과 거북선에 대한 그림 자료에서 발견할 수 있는 수학적 개념 탐색하기
- 활동 순서
  ① 각과 도형 개념에 대한 선수지식 확인하기
  ② 판옥선과 거북선에 대한 그림 자료에서 각과 도형 개념 탐색하기
  - 함선에 적용된 각과 도형 개념에 대해 모둠별로 토의하기
  ③ 판옥선과 거북선의 구조도를 보며 각 모둠에서 찾은 수학적 개념 공유하기
- 이렇게 활동했어요!

〈출처: 충무공 이순신 홈페이지 http://www.yi-sunsin.com/main/〉

〈출처: 거북선 신화에서 역사로(김정진, 남경완, 2005), 충무공 이순신 홈페이지〉(http://www.yi-sunsin.com/main/)에서 재인용〉

✎ 여기서 잠깐!

1. 자료 탐색 시 모둠별로 아이패드 등의 태블릿 PC를 활용하게 하여 3D 복원모형을 참고할 수 있도록 한다.
2. 탐색 활동 시 각과 도형 개념을 중심으로 탐색하되, 그 외의 수학적 개념에 대한 탐색도 허용한다.

활동 2 거북선 등 구조의 비밀!

▣ 거북선에 적용된 테셀레이션과 각 개념 알아보기

- 거북선 등 구조에 담겨진 수학적 개념과 전술적 이점 알아보기
- 활동 순서
  ① 테셀레이션 개념과 자연에서 볼 수 있는 사례 살펴보기
  ② 거북선 등 구조에서 나타나는 테셀레이션의 모습을 확인하고, 이를 적용했을 때의 전술적 이점 생각해보기
  ③ 거북선 등의 각도를 각도기를 가지고 측정하기
  ④ 측정한 거북선 등의 각도에 어떤 전술적 이점이 있는지 생각해보기

활동 3 학익진 전법의 숨겨진 공로자, 판옥선

▣ 저항과 바닥 구조 모양 사이의 관계 파악하기

- 학익진 전법을 성공적으로 이끈 조선 판옥선의 바닥 구조와 일본의 군선(안택선, 세키부네 등)의 바닥 구조 비교하기
- 활동 순서
  ① 선형과 저항에 대한 개념 알아보기
    - 조파저항: 배가 달릴 때 수면에 일어나는 물결 때문에 생기는 저항
    - 조파저항과 선체의 관계: 배의 치수비(길이와 폭, 흘수의 비)나 모양에 따라 크게 변화
  ② 학익진 전법에 대해 살펴보고, 학익진 전법이 성공하기 위한 군선의 조건 생각해보기
  ③ 조선 판옥선의 U자형 바닥 구조와 일본 군선(안택선, 세키부네 등)의 V자형 바닥 구조 비교해보기
    - 판옥선: 우리나라의 전통적인 배 구조로 배 밑부분이 U자 모양으로 둥글게 되어 있어서 방향을 아주 빨리 바꿀 수 있었다. U자형은 흘수선(배가 물 속에 잠기는 부분)이 얕기 때문에 짧은 거리에서 빠른 회전이 가능했다.
    - 안택선: 바닥 부분이 V자 모양으로 날카로워서 물의 저항을 적게 받아 속력은 빨랐으나, 흘수선이 깊어 방향을 바꾸는 데 시간이 걸렸다.

〈출처 : 《거북선 신화에서 역사》(김정진, 남경완, 랜덤하우스코리아, 2005)〉

〈출처 : 충무공 이순신 홈페이지
http://www.yi-sunsin.com/main/〉

✍ 정리하기

- 판옥선과 거북선에 적용된 수학적 개념 정리하기

중학년 활동 2

거북선 등 구조의 비밀!

이름:

■ 다음 거북선 그림에서 테셀레이션을 찾아 아래에 그려보세요.

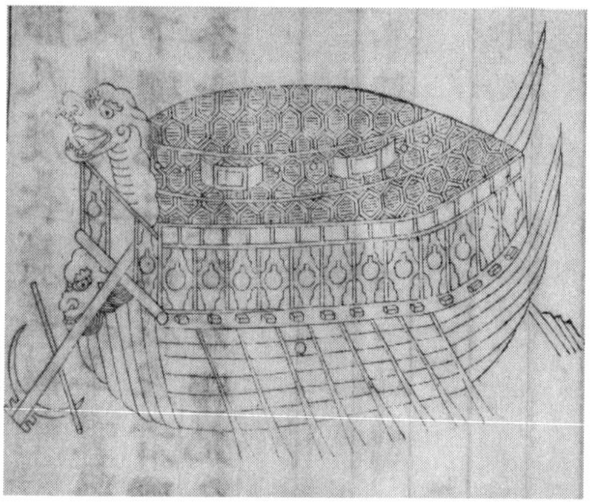

한산도 충렬사에 소장된 전라좌수영 거북선 채색화

거북선 등 구조의 비밀!

활동 2 중학년

이름:

▣ 각도기를 사용하여 거북선 등의 각도를 재보세요.

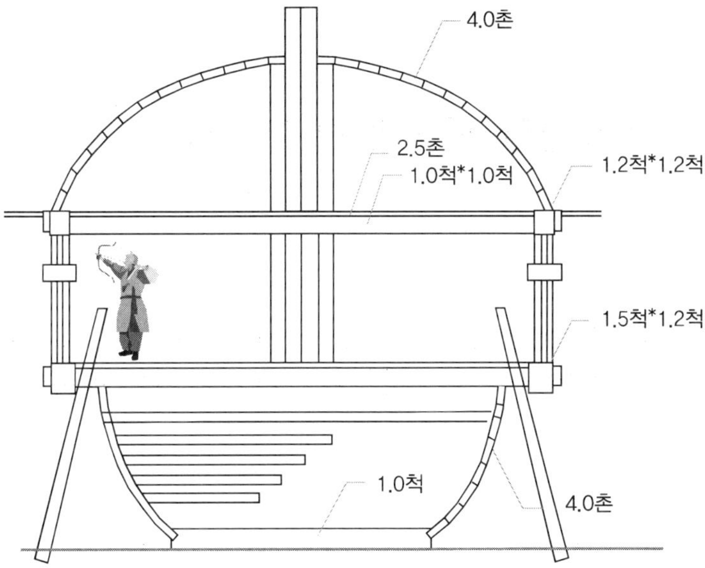

〈출처: 충무공 이순신 홈페이지(http://www.yi-sunsin.com/main/)〉

▣ 해전(바다에서의 전투)에서 거북선의 등 구조가 어떤 장점을 가질 수 있는지 생각해보세요.

✎ 교수·학습 과정안(2차시)

활동명	전쟁을 승리로 이끈 거북선의 무기, 총통과 신기전
활동주제	작용과 반작용의 원리를 이해하여 거북선의 화약 무기 탐구하기
학습목표	1. 작용 반작용의 법칙을 이해하고 우리 생활 주변에서 그 예를 찾을 수 있다. 2. 작용과 반작용의 원리를 바탕으로 거북선의 무기인 총통과 신기전의 발사 원리를 설명할 수 있다.

거북선의 전투 방법 예상하기

• 거북선의 해전 장면 영상과 이순신이 선조에게 보낸 보고서(1592년 6월 14일)를 살펴보고 거북선이 어떤 무기와 전투 방법을 활용하였을지 예상하고 의견 나누기

활동 1 승리는 우리의 것!

▣ 임진왜란을 승리로 이끈 거북선의 주력무기인 총통과 신기전 알아보기

- 거북선의 주력 화약 무기인 총통과 세계 최초의 로켓형 무기 신기전에 대해 알아보기
- 활동 순서

① 총통과 관련한 그림 자료를 보고 전체적인 모습과 쓰임 이해하기

－책 《우리의 로켓과 화약무기》(채연석 외, 서해문집, 1998)를 통해 우리나라 화약무기의 역사와 총통에 대해 살펴보기

－총통(銃筒)은 화약의 폭발력을 이용하여 화살이나 탄환을 발사하는 무기로, 조선군의 주력 화약무기로써 활과 함께 사용되었다. 개인화기와 대형화포 등이 있으며 발사체인 총통을 사용하여 탄환이나 대형 화살을 발사하였다.

〈출처 : 《거북선 신화에서 역사로》(김정진, 남경완, 랜덤하우스코리아, 2005)〉

② 15세기 세계 최첨단무기 '신기전' 유튜브 영상 시청(http://www.youtube.com/watch?v=cIQHJdp38jg)

－신기전의 형태와 발사 모습을 관찰하고, 공격용과 신호용 등의 쓰임새 살펴보기

－신기전은 고려 말 최무선에 의해 주화라는 화약 무기를 개량한, 로켓 형태의 무기이다. 대신기전, 신화신기전, 중신기전, 소신기전 등의 여러 종류가 있으며, 해전에서는 신기전을 신호용으로 사용하기도 하였다.

〈출처 : 《거북선 신화에서 역사로》(김정진, 남경완, 랜덤하우스코리아, 2005)〉

활동 2 온 힘을 다해 적을 향해 쏘아라(盡力射賊)

▣ 작용과 반작용의 원리를 바탕으로 화약 무기 발사 이해하기

- 작용과 반작용의 개념과 원리 이해하기
- 우리 생활 속 작용과 반작용의 예를 살펴보고 자신의 경험 이야기하기(예 : 배를 타고 노를 저어서 앞으로 나갈 때, 벽을 쳤을 때 아픈 현상, 총을 쏜 후의 반동, 로켓이 앞으로 나아가는 현상 등)
- 로켓의 원리로 작동하는 화약무기 이해하기

－로켓 원리는 작용과 반작용의 원리를 기본으로 한다. 이에 대한 예화로 공을 찰 때 가까운 곳으로 보내려면 발을 살짝 뒤로 보냈다가 앞으로 이동시키지만, 공을

먼 곳으로 보낼 때는 공을 멀리 뒤로 보낸 뒤 힘껏 찬다. 또한 야구공을 던질 때와 배구공을 던질 때 공이 가벼울수록 멀리 나감을 직관적으로 이해시키며, 이를 통해 화약무기 발사에 대한 이해를 돕는다.

활동 3 날아라, 풍선 로켓

▣ 작용과 반작용의 원리를 적용하여 풍선 로켓 실험하기

- 작용과 반작용의 원리에 대한 이해를 바탕으로 풍선 바람기구 만들기
- 활동 순서
  ① 컵의 둘레를 실로 재어 3등분을 표시하기
  ② 구멍을 뚫어 실로 연결하기
  ③ 풍선에 공기를 불어 넣은 후, 실을 단 컵과 풍선을 테이프로 연결하기
- 작용과 반작용의 원리를 적용하여 풍선 로켓 실험하기
- 활동 순서
  ① 낚싯줄 또는 실을 길게 연결하기
  ② 풍선에 공기를 불어 넣은 후, 풍선의 등에 빨대 붙이기
  ③ 풍선입구를 뒤쪽으로 하여 낚싯줄을 빨대에 끼워주기
- 이렇게 활동했어요!

풍선 바람기구의 완성된 모습

풍선의 바람이 빠져나가면서 위로 솟아오르는 모습

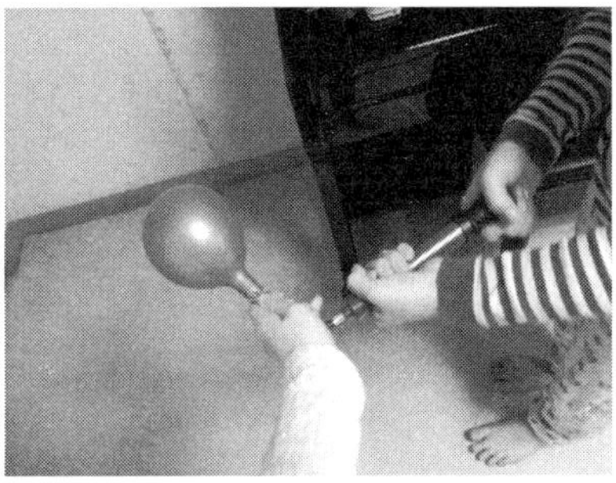	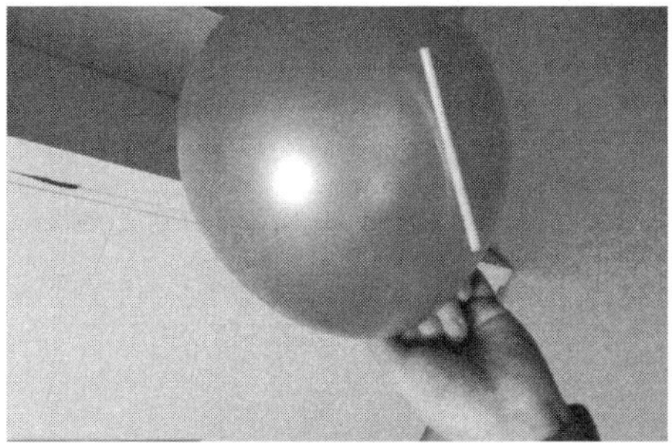

풍선 로켓의 시작점	바람이 풍선 밖으로 나오면서(작용) 풍선이 앞으로 나아감(반작용)

✎ 여기서 잠깐!

1. 풍선 로켓 제작 시 빨대의 길이가 너무 짧으면 풍선이 돌아가므로, 충분한 길이로 빨대를 잘라 붙이도록 한다.

✎ 교수·학습 과정안(3차시)

활동명	조선 수군만의 암호, 신호연 그리기
활동주제	패턴과 상징을 활용하여 신호연 그리기
학습목표	1. 패턴과 상징, 규칙을 바탕으로 신호연 분석하기 2. 패턴이 나타나는 규칙과 상징을 적용하여 신호연 그려보기

우리 주변의 패턴과 상징에 대한 인식

- ‘픽토그램’의 예를 살펴보며, 문자나 음성을 사용하기 어려울 경우 신호할 수 있는 방법에 대해 생각해보고 의견 나누기

활동 1 이순신 장군의 고민, 내 명령을 적에게 알리지 마라!

▣ 신호연 속의 패턴과 상징 이해하기

- 이순신 장군이 신호연을 만들게 된 배경과 까닭 알아보기
- 신호연의 예 살펴보기(출처: 연날리기 보존회)

신호연은 일종의 통신위성의 역할을 했던 것으로 전투신호를 위한 암호전달에 중요한 수단으로 활용되었다고 하며, 충무공 이순신 장군이 직접 고안해 낸 것이라 하여 일명 충무연이라 부르기도 한다.

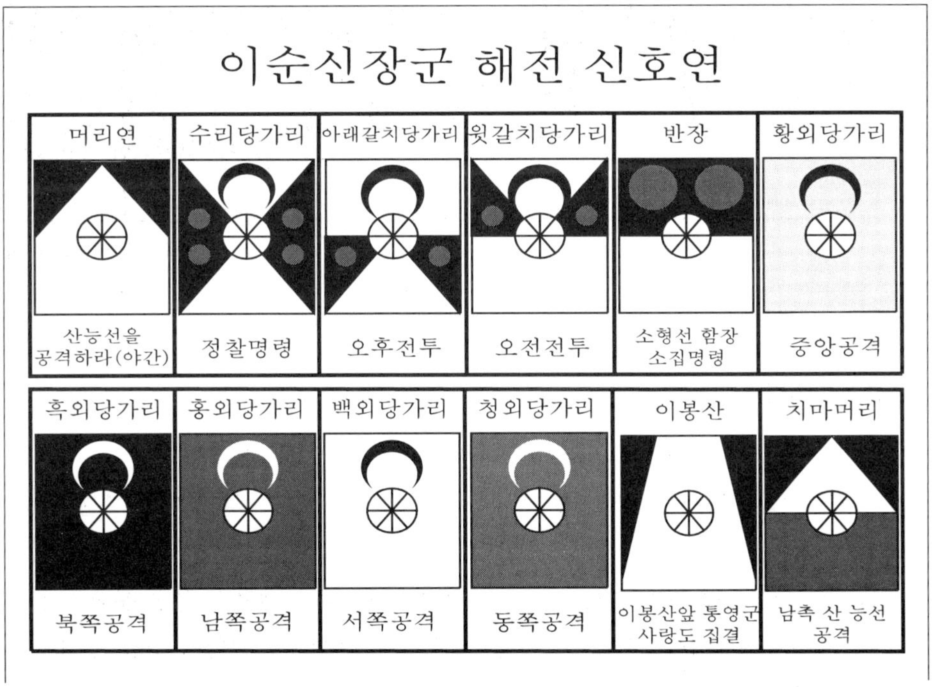

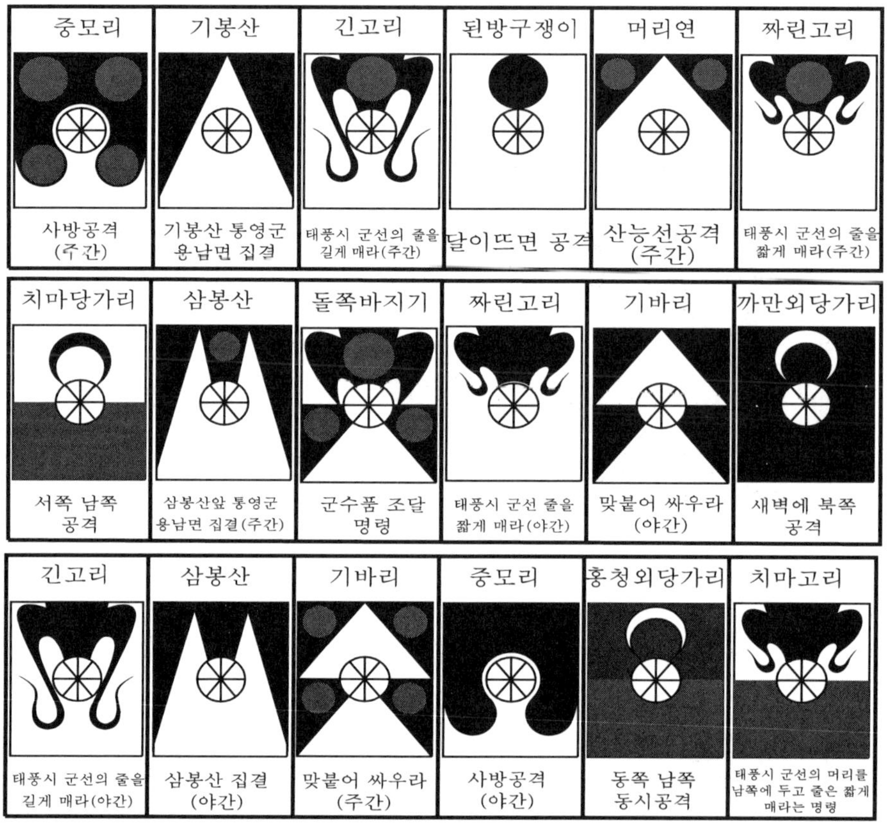

경남 사천의 이한욱옹 문양재현

활동 2 난중신호!

▣ 패턴이 나타나는 규칙과 상징을 적용하여 신호연 그리기

- 패턴이 나타나는 규칙과 상징을 적용하여 주어진 신호연의 나머지 부분 완성하기
- 활동 순서

  ① 몇 가지 신호연의 예를 보고, 신호연에 적용되는 패턴과 상징 분석하기

  ② 야간 기바리연과 반대의 의미를 나타내는 주간 기바리연의 모습 상상하여 그려보기

  ③ 주어진 전술(사방 공격 명령, 적군을 에워싸 공격하라는 뜻)에 적합한 신호연의 모습 상상하여 그려보기

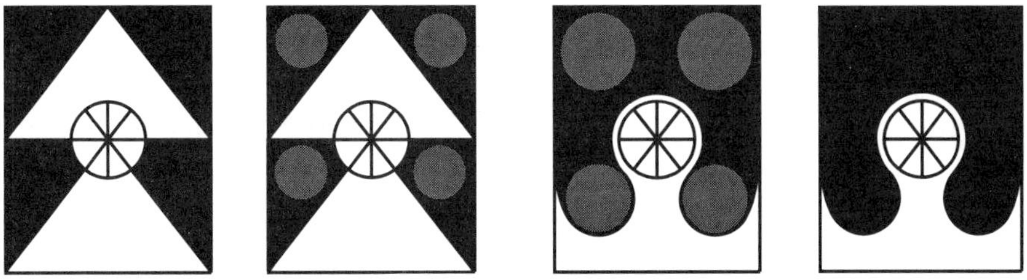

기바리연(야간) 기바리연(주간) 중머리연(주간) 중머리연(야간)

맞붙어 싸우라는 명령 사방 공격 명령(적군을 사방에서 에워싸라)

활동 3 신에게는 26가지의 신호연이 있사옵니다

▣ 패턴과 상징을 바탕으로 신호연 비교·분석하기

- 자신이 완성한 신호연과 실제 신호연의 모습 비교해보기
- 이순신 장군이 신호연을 만들 때 적용한 패턴과 상징의 규칙 분석하기

정리하기

- 신호연에 적용된 패턴과 상징의 규칙 정리하기
- 수업 참여에 대한 소감이나 흥미로운 점 나누기

중학년 활동 2

난중신호!

이름:

▣ 패턴과 상징을 생각하며 신호연을 그려보세요.

1. 아래 왼쪽에 나와 있는 연과 만들어야 하는 신호연의 공통점과 차이점은 무엇인가요?

2. 어떤 규칙의 패턴과 상징이 나타날 것 같나요?

3. 자신이 생각한 패턴과 상징에 맞추어 신호연을 완성해봅시다.

기바리연(야간) – 맞붙어 싸우라는 명령

가리비연(주간) – 맞붙어 싸우라는 명령

난중신호!

활동 2

중학년

이름:

▣ 패턴과 상징을 생각하며 신호연을 그려보세요.

1. '적군을 에워싸 공격하라'는 명령을 내릴 때 어떤 패턴과 상징으로 나타내면 좋을까요?

2. 위의 명령을 낮에 내릴 때와 밤에 내릴 때 신호연은 어떻게 달라질 수 있을까요?

3. 자신이 생각한 패턴과 상징에 맞추어 신호연을 완성해봅시다.

중모리연(주간) – 적군을 에워싸 공격하라	중모리연(야간) – 적군을 에워싸 공격하라

교사용 참고 자료

※ U자형 바닥구조의 배(평저선)과 V자형 바닥구조의 배(침저선)

보통 배의 바닥 구조는 뾰족한 모양(침저선)으로 이는 물의 저항을 덜 받아 앞으로 빨리 나기기 위함이다. 그러나 거북선의 바닥구조는 평평한 모양(평저선)으로 이는 방향을 자유롭게 바꾸어 적을 상대하기 위한 것이었다. 간단한 실험을 통해서 뾰족한 바닥 모양의 배와 평평한 바닥 모양의 배를 비교할 수 있다. 뾰족한 바닥모양의 배는 앞으로 가려는 성질이 있어 방향을 바꾸기 쉽지 않으나, 평평한 바닥 모양의 배는 원하는 방향대로 제자리에서도 방향이 쉽게 바뀐다.

※ 신호연

신호연을 대표하는 통영의 충무연은 충무공 이순신 장군이 임진왜란 당시 연을 띄워 명령을 내리거나 통신을 하는데 사용되었다. 군사작전 신호용으로 사용된 이 연은 연에 그려진 문양과 색깔에 따라 명령 내용을 달리하여 사용되었는데 전투 중에 사전의 상황을 알려 지휘관 또는 병사들에게 전투준비를 갖추라는 예지신호이자 작전명령으로, 적군이 알지 못하도록 문양에 각기 다른 암호를 넣어 전투명령 전달의 중요한 수단으로 사용되었다고 한다.

예를 들어 연의 문양에 따라 명령이 달랐는데 삼봉산 문양이 있는 '삼봉산연'을 띄우면 흩어져 있는 군선과 군사들은 삼봉산 앞 바다로 집결하라는 뜻이 된다. 또 삼각형 모양을 2층으로 크게 그려넣은 '기바리연'이 올라가면 백병전으로 왜적과 싸우라는 뜻이며, '돌쪽바지기연'을 올리면 병참이나 병기의 보급을 알리는 뜻이 된다. 임진왜란 당시 연의 크기는 가로가 90~120cm로, 하늘에 높이 띄워도 연에 그려진 문양이 아군들에게 뚜렷하게 보이도록 대형 연을 제작했다고 한다. 가운데 방구멍이 있어 바람이 약하거나 강하게 불 때도 자유자재로 날릴 수 있으며, 날리는 사람의 손놀림에 따라 급상승과 급하강, 전진과 후퇴 등이 가능한 과학적 구조를 가진 방패연의 제작과 이 충무공의 과학적인 연의 이용은 우리 민족의 슬기와 과학적 지혜를 엿볼 수 있게 한다.

신호연에 사용된 빛깔은 오행사상의 기본색인 빨강(홍), 파랑(청), 노랑(황)의 유채색과 검은색(흑), 흰색(백)의 무채색을 사용하였다. 이 색은 각각 오행사상의 오방위를 상징하는데 황은 중앙, 청은 동쪽, 흑은 북쪽, 백은 서쪽, 홍은 남쪽을 뜻한다고 한다. 또 하나는 하늘에 연을 띄웠을 때 붉은색, 흰색, 검은색이 눈에 가장 잘 띄기 때문이다.

통영연은 그동안 55종으로 알려져 왔으나 1999년 12월 17일 통영연 연구가, 애호가들이 김세윤 통영문화원장의 주재로 통영문화원에 모여 통영연명칭에 대한 이름을 종합하여 26종으로 확정 발표하였다.

참고문헌

교육과학기술부(2012). 2009 개정 교육과정 수학과 교육과정 (교육과학기술부 고시 제 3011-361호). 서울: 우신기획.

교육과학기술부(2013a), 수학: 초등학교 교사용 지도서 2-1. 서울: 두산동아.

교육과학기술부(2013b), 수학: 초등학교 교사용 지도서 4-1. 서울: 두산동아.

교육과학기술부(2013c). 과학: 초등학교 교사용 지도서 3-1. 서울: 두산동아.

교육과학기술부(2013d). 과학: 초등학교 교사용 지도서 3-2. 서울: 두산동아.

김정진, 남경완 (2005). 거북선 신화에서 역사로. 서울: 랜덤하우스코리아.

김홍기(2001). 건축조형디자인론. 서울: 기문당.

문명대(2012). 불국사와 석굴암. 경기: 주니어 김영사.

민경우(1995). 디자인의 이해, 서울: 미진사.

신순재(2002). 아주 멋진 실수. 서울: 아이세움.

안소정(2010). 우리 겨레는 수학의 달인. 경기: 창비.

윤수영, 김동희, 김유경, 김민경(2015). 수학·과학 융합 수업 개발 및 적용 사례(중학년): 명탐정 똘똘이의 경주 보물 완전 정복. 2015 한국수학교육학회 춘계학술대회 프로시딩 467-472.

윤수영, 조미경, 노일순, 김민경(2014). 수학과 과학의 통합적 관점에서 바라본 착시 현상에 대한 탐구중심 수업. 2014 한국수학교육학회 춘계학술대회 프로시딩 445-449.

이종학, 윤마병(2014). 건축을 활용한 초등학교 수학 중심의 융합교육 수업자료 개발. 한국콘텐츠학회논문지, 14(6).

채연석(1998). 우리의 로켓과 화약무기. 경기: 서해문집.

http://ko.wikipedia.org/wiki/%EC%B0%A9%EC%8B%9C#.EA.B0.9C.EC.9A.94

Sizuri G. (1987). 착시조형(김수석 역), 서울: 월간종합디자인출판부. (원서출판: 1980)

융합인재교육 STEAM

Part C

초등학교 고학년(5~6학년) 수학·과학 융합 수업

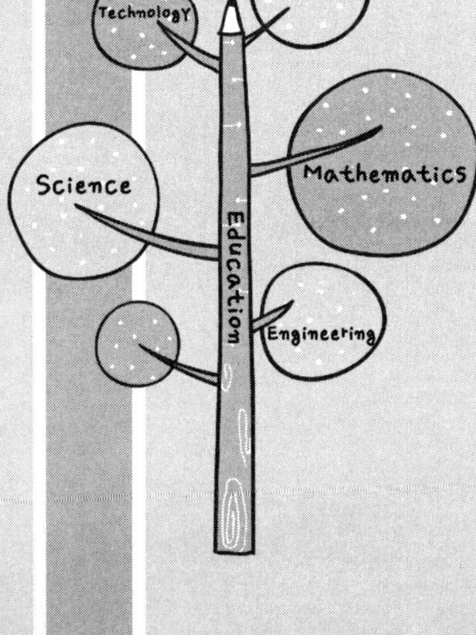

C1 타임머신을 타고, 시계의 역사 속으로!

✎ 활동 개요

본 활동은 학습자의 생활 속에서 밀접하게 사용되는 시계를 중심으로 시간, 배수, 비례의 원리를 탐구하는 수학적 활동과 힘, 속력, 에너지의 원리를 탐구하는 과학적 활동을 통합적으로 활용한 세상에 하나뿐인 시계 만들기 활동으로 구성되어 있다.

첫 번째 활동에서는 시계의 역사를 탐색하는 것으로써 시계가 가지고 있는 수학적 시간 개념과 시간의 움직임을 표현하기 위해 역사적으로 사용한 과학 개념을 탐구하도록 한다. 나아가서 최근에 사용하고 있는 시계의 동작원리를 탐색해 본다.

두 번째 활동에서는 시계의 주요 부품인 무브먼트를 분해해 봄으로써 실제 초침, 분침, 시침이 움직이는 원리에서 수학의 배수, 비례 개념과 과학의 힘, 속력, 에너지의 개념을 이해하도록 한다. 이를 바탕으로 시계의 주요 부품인 톱니바퀴에 들어 있는 수학, 과학 개념을 탐색하고 이를 실제 설계, 제작하는 활동을 통해 개념을 적용해 본다.

마지막 활동으로는 무브먼트와 톱니바퀴를 활용한 시계만들기를 해봄으로써 기계의 기본 원리 이해, 미래에 나타날 수 있는 창의적인 시계 탐구 등을 통해 미래를 예측할 수 있고, 상상할 수 있는 능력을 키우도록 구성되어 있다. 이를 통해 학습자는 과거, 현재, 미래를 잇는 시계의 원리와 구조를 파악할 수 있고, 시계에 들어 있는 수학과 과학 개념이해, 미래의 상황에서 창의적으로 시계 및 기계를 구성할 수 있는 문제해결력을 키울 수 있을 것이다.

시계는 학생들의 삶 속에서 없어서는 안 되는 역사적인 발명품이다. 시간을 알고 이를 표현하는 방법 속에 무수히 많은 수학과 과학의 원리가 들어가 있으며, 이를 탐구하는 과정을 통해 학생들은 생활 속에서 사용되는 수학과 과학이 융합된 예를 쉽게 찾아볼 수 있다. 또한 자신만의 시계를 만들어 보면서 스토리를 가지는 수학과 과학 활동을 하게 되고 창의적으로 배운 개념을 적용하는 방법을 익히게 된다.

	차시	주요 활동 내용
활동내용	1	◈ 시계의 원리를 탐색하고 배수와 비례, 힘과 에너지 개념 이해하기 • 자격루를 통해 역사적인 발명품 찾아보기 • 역사 속에 나타난 시계 사진을 통해 원리 알아보기 • 현재 사용되는 시계의 동작원리 이해하기
	2	◈ 배수와 비례, 힘과 에너지 개념 활용하기 • 무브민드를 분해하여 내부구조 알아보기 • 톱니바퀴의 수학적, 과학적 원리 탐색하기 • 톱니바퀴 그리기를 통해 실제문제에 적용하기
	3	◈ 배수와 비례, 힘과 에너지 개념 적용하기 • 무브먼트를 이용하여 시계의 기본 틀 만들기 • 톱니바퀴를 만들어 이를 이용한 동작 구상하기 • 재미난 동작이 있는 시계 완성하고 꾸미기
준비물	역사 속의 시계 사진, 무브먼트 개인별 2개(바늘 포함), 건전지, 조립도, 톱니모형, 모눈종이, 로알지, EVA지, 자, 가위, 풀, 각도기, 테이프, 핀, 우드락, 구슬, 글루건 등	

• 시계 내부를 들여다보면 수학과 과학 교육과정의 많은 개념을 찾아낼 수 있다. 특히 톱니바퀴는 시계의 가장 많은 부품이면서 현대 기계에서 빼놓을 수 없는 중요한 요소이다. 따라서 대상학년과 교과에 따라 중심 활동에 변화를 주면 시계와 톱니바퀴의 적용 범위는 매우 넓다. 예를 들어 저학년은 수, 도형, 시간을 중심으로 시계 만들기 활동에 중심을 둘 수 있고, 중학년은 원의 구성요소, 각도, 지구와 달을 중심으로 시간을 표시하는 다양한 방법을 찾아내는 활동, 고학년은 본 활동 외에도 다양한 에너지원을 사용하는 시계 만들기, 비례를 이용한 시계바늘의 변화, 톱니바퀴의 변화를 만드는 활동 등으로 확대가 가능하다.

✎ 융합적 요소 및 교육과정과의 연계성

융합적 요소	학습 목표	교육과정
수학		
수학적 추론능력	• 톱니의 개수에 따른 회전 비율과 방향을 추론할 수 있다.	■ **초등학교 1~2학년군** - 시각과 시간
개념 및 원리의 이해	• 시각이 표시되는 원리를 이해하고 이 속에 있는 회전과 각도를 이해한다. • 두 톱니의 개수에 따른 배수와 비례 개념을 이해한다.	■ **초등학교 3~4학년군** - 원의 구성요소 - 각도
문제해결 능력 의사소통 능력	• 다양한 기계에 사용할 수 있는 톱니 모양을 설계하고 제작할 수 있다.	■ **초등학교 5~6학년군** - 약수와 배수 - 비와 비율
과학		
기본 개념 이해	• 시계를 움직이게 하는 동력에 대해 이해한다. • 톱니바퀴를 이용하여 힘과 회전의 전달에 대해 이해한다.	■ **초등학교 3~4학년군** - 지구와 달
현상에 대한 관심	• 시계가 동작하는 원리를 관찰하고 무브먼트 분해와 톱니바퀴의 회전 관찰을 통해 기계에 사용되는 다양한 톱니바퀴를 관찰한다.	■ **초등학교 5~6학년군** - 물체의 빠르기 - 에너지 - 전기의 작용
과학적 탐구 능력	• 톱니의 모양과 위치에 따른 힘의 크기와 전달에 대해 탐구한다.	

✎ 수업 테마

- 스토리텔링 : 세상에 하나뿐인 시계를 제작하면서 시간과 관련된 나만의 이야기를 구성해 본다.
- 직업체험 : 시계 장인이 하는 일을 보면서 시계 및 기계와 관련된 직업의 세계를 체험하고 탐색한다.
- 역사탐방 : 시계와 관련된 역사적으로 의미 있는 발명품을 탐색한다.

✎ 교수·학습 과정안(1차시)

활동명	역사 속의 시계
활동주제	역사 속에 나타난 시계를 살펴보고 현재 사용되는 시계의 구조를 살펴본다.
학습목표	1. 역사적으로 시계의 변화를 통해 시계의 중요 원리를 알 수 있다. 2. 현재 사용되는 시계의 구조와 작동원리를 이해한다.

시계의 원리 탐색

- 자격루 영상 보여주기(출처: 국립과천과학관 영상)
- 영상을 통해 자격루가 하는 일과 원리를 찾아보고 이야기하기

✎ 여기서 잠깐!

1. 오늘의 일정을 시간별로 물어보고 답하는 과정을 통해 시간을 중심으로 우리의 일상이 움직인다는 것을 깨닫게 한다.

활동 1 역사 속의 시계

▣ 역사에서 사용되었던 시계를 찾아보고, 원리 탐험하기

- 역사 속의 시계를 한 화면에 배치하여 무슨 사진인지 물어보기
- 시간을 알기 위한 물건이 아닌 것 찾아내기 활동(모두 시계 사진으로 배치)
- 조별로 코팅된 사진을 보며 시계의 원리를 맞추는 활동하기
  * 활동방법: 조별로 코팅사진을 보며 토론
- 슬라이드를 하나씩 보면서 원리를 공유하기
- 개발 순서대로 타임라인에 시계를 배치하고 배운 내용을 정리하기
- 이렇게 활동했어요!

✎ 여기서 잠깐!

1. 역사 속의 시계는 동력에 따라 다양한 종류가 있으므로, 시계 사진이 너무 한 종류에 치우치지 않도록 균형 있게 배치한다. 다양한 시계에 관한 자료를 준비하여 기존에 상식적으로 알고 있는 시계에 관한 고정관념을 깰 수 있도록 돕는다.
2. 각 조별로 시계 사진을 보고 토론할 수 있는 충분한 활동 시간을 가져, 후속 활동에 동기를 부여할 수 있도록 돕는다.

활동 2 시계의 구조

▣ 동영상을 보며 시계의 구조 탐색하기

- 시계의 겉모습을 관찰하여, 아날로그 시계에서 필요한 것을 살펴보기
- 다큐멘터리 '시간의 명장' 일부 시청하기(EBS에서 상영한 다큐멘터리 중 '시간의 명장'에서 시계의 내부구조를 볼 수 있는 부분을 상영)

- 파워포인트를 통해 아날로그시계의 겉모습, 내부 구조를 살펴보기
- 시계 장인이 되어 부품을 따라가며 시계가 움직이는 모습 상상하기

활동 3 시계의 동작

▣ 시계 무브먼트 움직여보기

- 활동 순서
  ① 무브먼트, 시계 바늘, 건전지 1개를 나눠주고, 모양을 관찰한다.
  ② 시침, 분침, 초침을 어느 순서로 꼽아야 할지 살펴보게 하고 맞는 순서를 알려준다.
  ③ 바늘을 모두 꽂은 후, 건전지를 넣어 바늘이 돌아가는 것을 확인한다.
  ④ 무브먼트의 투명한 곳으로 안의 톱니바퀴 움직임을 보도록 한다.
- 시침, 분침, 초침이 움직이는 회전수의 관계 확인하기
  * 준비물 : 무브먼트, 바늘세트, 건전지

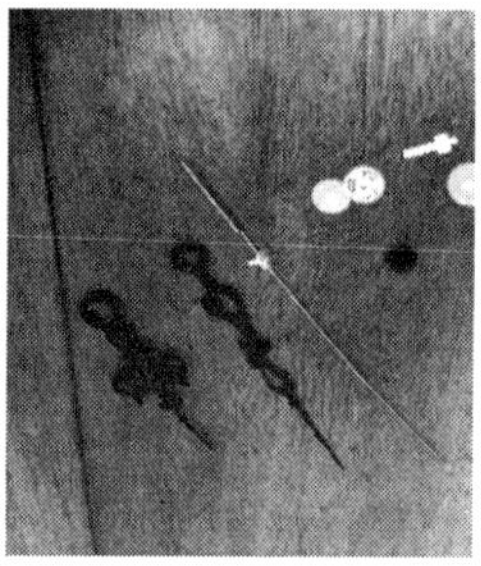

✎ 여기서 잠깐!

1. 무브먼트가 불량품이 있는 경우가 많으므로 충분한 개수를 준비하고, 동작되지 않는 무브먼트가 있을 경우 바로 교체하여 준다. 바늘이 꼭 끼워야 동작이 되므로 잘 끼워졌는지 확인하도록 한다.
2. 무브먼트를 구매할 경우 투명한 뚜껑으로 되어 있어 톱니바퀴의 움직임을 볼 수 있는 것으로 선택하고, 미리 한두 개 구매하여 열고 닫을 수 있는지 확인하고 대량 구매한다.

정리하기

- 과거에 사용된 시계의 모습과 동작 정리하기
- 아날로그 시계의 동작 공유하기

시계의 동작

활동 3 고학년

이름:

▣ 다음은 시간의 기본 정보입니다. 빈 칸에 알맞은 내용을 계산하여 적으세요.

1년 = (   ) 개월, 1년 = (   ) 일

1개월 = (   ) 일

1일 = (   ) 시간

1시간 = (   ) 분

1분 = (   ) 초

2시간 25분 = (   ) 분

1시간 6분 15초 = (   )초

▣ 가지고 있는 무브먼트에 시침, 분침, 초침과 건전지를 끼워 동작해 봅시다. 시침이 가장 아래, 그 다음 분침, 맨 위는 초침의 순서로 끼웁니다. 바늘의 움직임을 관찰하여 각 바늘의 회전수 관계를 계산해 봅시다.

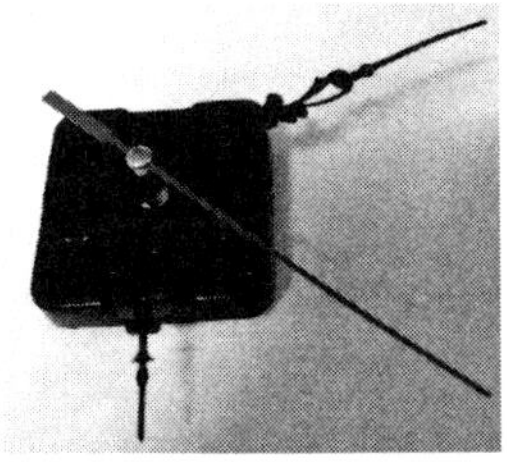

시계 바늘	시침	분침	초침
회전수	1바퀴		
비	1		

✎ 교수·학습 과정안(2차시)

활동명	시계 내부구조와 톱니바퀴
활동주제	무브먼트 분해하고 톱니바퀴 만들기
학습목표	1. 아날로그 시계의 주요 부품을 분해하여 시계의 구조를 알 수 있다. 2. 톱니바퀴를 만들어 원과 각도, 회전, 힘에 대해 이해할 수 있다.

톱니바퀴의 구조

- 나무 톱니바퀴를 이용하여 만든 시계, 캘린더 영상 감상하기
- 이 영상에서 톱니바퀴가 하는 일을 생각해 보고 이야기하기

활동 1 무브먼트 내부 관찰

▣ 시계에서 사용되고 있는 무브먼트를 분해하여 원리 탐색하기

- 활동 순서
  ① 시계 무브먼트 내부의 확대된 사진을 보고 설명한다.
  ② 각자 가지고 있는 무브먼트의 뚜껑을 열어 사진에서 본 내용을 확인하도록 한다.
  ③ 사인펜으로 톱니바퀴에 선을 그리고 건전지를 넣어 동작을 확인한다.
  ④ 순서대로 톱니바퀴를 하나씩 들어내면서 내부의 톱니바퀴를 관찰한다.
  ⑤ 순서대로 재조립하고 초침, 분침, 시침에 해당하는 톱니바퀴를 찾아보도록 한다.
  ⑥ 슬라이드 화면을 보면서 톱니바퀴의 역할을 전체가 공유한다.
  ⑦ 뚜껑을 닫고 투명한 뚜껑을 통해 톱니바퀴의 움직임을 확인한다.
- 준비물: 무브먼트
- 이렇게 활동했어요!

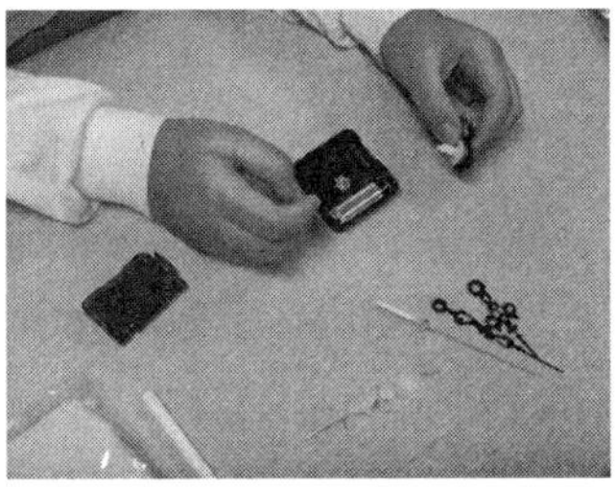

✎ 여기서 잠깐!

1. 무브먼트를 분해하는 과정에서 뚜껑을 열기 어려울 수 있으므로 교사가 사전에 뚜껑을 약간 열어놓고 나눠줄 수 있도록 준비한다. 또한 뚜껑을 여는 과정에서 강한 힘을 주면 무브먼트 내부에 장착된 톱니바퀴들의 구성이 흐트러져 장착된 처음의 모습을 볼 수 없음에 주의한다.
2. 톱니바퀴가 튕겨 나가거나 분해 과정에서 순서를 정해 놓지 않아 조립을 하지 못한 경우에는 조립도를 참고하도록 한다.
3. 각 개인은 관찰 및 3차시의 시계 만들기 활동에 사용할 수 있는 무브먼트 1개와 분해에 활용할 수 있는 무브먼트 1개 총 2개가 필요하다.

활동 2 톱니바퀴 탐색

▣ 나무 모형을 통해 톱니바퀴에 숨어 있는 수학적 원리 이해하기

- 준비물: 톱니바퀴 나무 모형, 활동지
- 톱니바퀴 모형을 각자 돌리면서 세 개의 서로 다른 톱니바퀴의 관계 탐색하기
- 톱니바퀴 회전수와 톱니 개수의 관계 알아보기
- 이렇게 활동했어요!

✎ 여기서 잠깐!

1. 나무 톱니바퀴 모형은 본 수업을 위해 제작한 것이고, 우드락을 이용하여 직접 제작하거나 미리 제작된 톱니바퀴 모형을 구매하여 사용할 수 있다.
2. 톱니바퀴의 톱니 수와 회전수의 관계를 계산할 경우 개인별로 계산하여 조별로 확인하는 시간을 갖고, 계산이 안 되는 조의 경우에는 교사가 같이 토론에 참여하여 결론에 이를 수 있도록 돕는다.

활동 3 톱니바퀴 설계 및 제작

▣ 톱니바퀴를 주어진 조건에 맞게 설계하고 만들기

- 준비물: 각도기, 자, 컴퍼스, EVA지, 도면, 가위, 풀, 핀, 활동지
- 활동 순서

① 톱니바퀴를 설계할 때 고려해야 할 점을 이야기해보도록 한다.

② 잘못 설계된 톱니를 보고 문제점을 이야기한다.

③ 활동지에 자와 각도기, 컴퍼스를 사용하여 설계해 본다.

④ 교사는 조별로 돌아가며, 설계를 검토하고 잘못된 경우 바로잡아 준다.

⑤ 제시된 도면 중 하나를 선택하여 오리고, EVA지에 풀로 붙여 그리고 오린다.

⑥ 오린 톱니바퀴와 미리 나눠준 톱니바퀴를 맞물려 돌려본다.

• 이렇게 활동했어요!

✎ 여기서 잠깐!

1. 활동시간이 많은 경우에는 톱니바퀴 두 개를 모두 만들어 맞물려 돌아가는지 확인할 수 있는데, 이 경우 두 개 모두 잘못 만들면 시계제작 활동에 영향을 미칠 수 있다. 또한 재료로 사용하는 EVA지나 우드락은 학생들의 가위질이나 칼질 숙련도에 따라 어긋나는 경우가 발생할 수 있고, 두 개를 모두 주어진 시간에 제작하는 것이 어려울 수 있으므로 한 개의 완전한 톱니바퀴를 제시하고 이에 어울리는 짝을 만들도록 할 수 있다.
2. EVA지는 두께가 있는 것을 사용해야 힘을 가지고 돌아가지만, 이 경우 자르기가 쉽지 않다. 따라서 가위나 칼을 적당히 학생들 연령에 맞게 사용하도록 지도하고, 도구 사용에 주의하도록 안내한다.

정리하기

• 시계의 주요 부품인 톱니바퀴의 원리에 대해 나누기

고학년 활동 3

톱니바퀴 설계 및 제작

이름:

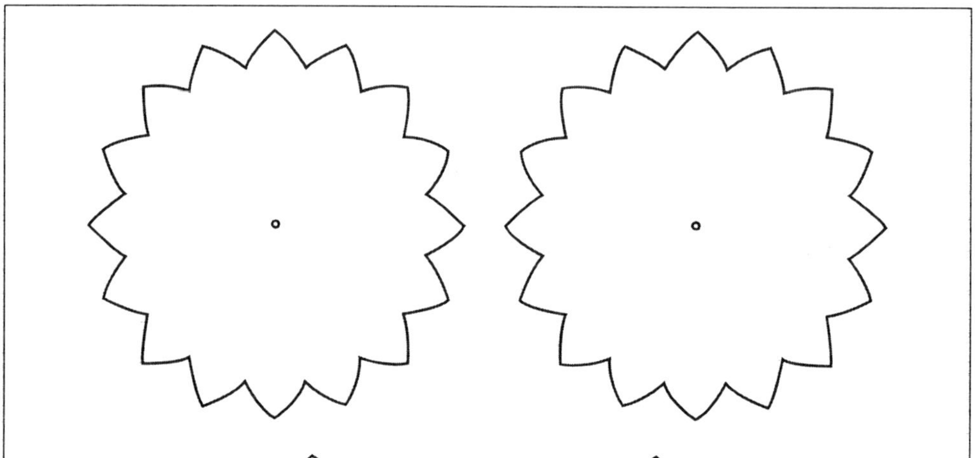

톱니바퀴 탐색

활동 2, 3

고학년

이름:

▣ 두 개의 톱니바퀴가 맞물려 돌아가는 것을 보고, 큰 톱니바퀴가 1바퀴 돌 때 작은 톱니바퀴는 몇 바퀴 도는지 계산하여 두 톱니바퀴 회전수의 비를 계산해 봅시다.

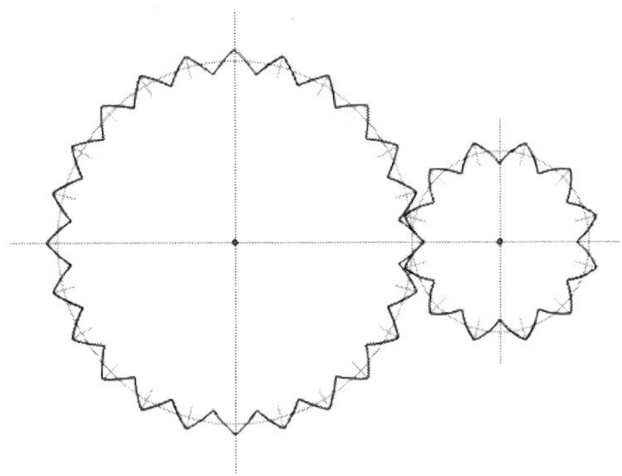

▣ 다음 모눈종이를 이용하여 16개, 8개의 톱니를 가진 톱니바퀴를 그려봅시다.

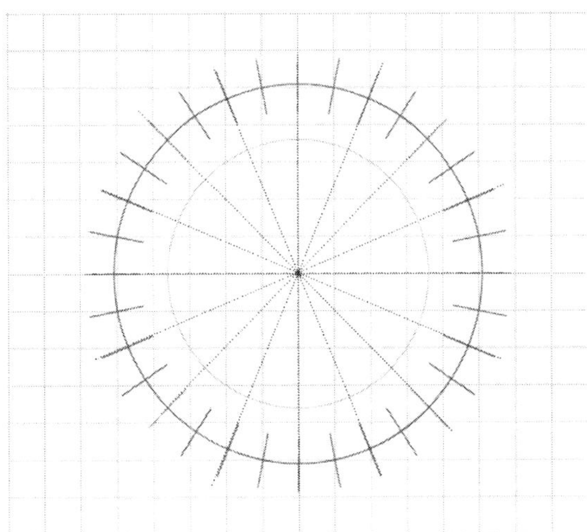

✎ 교수·학습 과정안(3차시)

활동명	세상에 하나뿐인 시계
활동주제	시계 무브먼트와 톱니바퀴를 이용하여 재미난 시계 만들기
학습목표	1. 시계 무브먼트를 이용하여 시계를 만들 수 있다. 2. 톱니바퀴를 이용하여 시계에 재미난 동작을 추가할 수 있다.

세상에 하나뿐인 시계

- 오토마타를 이용한 시계, 시계바늘을 이용한 움직임이 있는 시계 등의 영상을 감상하기
- 영상을 보면서 학생들이 만들 시계를 생각하기

활동 1 무브먼트 부착

▣ 무브먼트를 시계판에 달고 동작시키기

- 준비물: 무브먼트, 바늘세트, 무브먼트 고정용 너트, 건전지, 로얄보드지, 스크루 1공 펀치, 폼보드판, 글루건
- 활동 순서
  ① 무브먼트를 로얄보드지에 끼워 너트로 조인다. 이때 방향을 잘 확인한다.
  ② 바늘세트를 무브먼트에 맞게 끼우고 건전지를 넣는다.
  ③ 바늘이 움직이는지 확인하도록 한다.

✎ **여기서 잠깐!**

1. 로얄보드지가 두꺼워 무브먼트를 끼울 구멍은 학생들 스스로 만들기 어려울 경우가 있으니, 교사가 미리 1공 펀치를 이용하여 적당한 위치에 구멍을 내어 준비한다.
2. 시계를 지탱하게 될 판은 폼보드를 사용하여 로얄보드지를 끼울 곳에 칼집을 내고 끼운 후 글루건으로 고정한다.

활동 2 이야기가 있는 시계

▣ 시계바늘의 동작을 활용할 아이디어 구상하기

- 준비물: 로얄보드지, 사인펜, 색연필, 양면테이프, 활동지
- 활동지에 자신의 시계를 어떤 주제로 활용할지 구상하여 제목과 그림으로 표현해 보기
- 시계의 바늘의 움직임을 시계에서 어떻게 표현할지 아이디어를 생각하여 표현하기
- 초침, 분침, 시침에 적절한 재료를 활용하여 꾸미기
  * 준비물: 로얄보드지, 사인펜, 색연필, 양면테이프 등

✎ **여기서 잠깐!**

1. 설계활동지를 이용하여 시계와 관련된 자신의 이야기를 생각하여 주제를 정하도록 하고, 주제에 따른 설계를 한 후에 제작한다.
2. 시계 바늘이 돌아가면서 만들 수 있는 이야기의 예를 나눠보고, 톱니바퀴를 시계에 붙일 경우 어떤 용도로 사용할 수 있는지 이야기한다. 이러한 토론을 통해 학생들은 다양한 아이디어를 생각할 수 있고, 생각을 창의적으로 확장할 수 있다.

활동 3 동작 구성 및 제작

▣ 재미난 동작을 구상하여 톱니바퀴와 기타 재료로 꾸민다.

- 준비물 : EVA지, 할핀, 튜브, 구슬, 자, 가위, 풀, 스카치테이프, 플라스틱통, 글루건
- 나눠준 재료를 이용하여 동작을 만들어 보고 톱니바퀴 세트를 붙인다.
- 자유롭게 꾸미거나 색칠하여 완성한다.
- 만든 시계에 알맞은 제목을 정해 적고 마무리한다.
- 이렇게 활동했어요!

✍ 정리하기

- 자신이 만든 재미난 시계를 소개하고, 활동 소감 나누기

이야기가 있는 시계

활동 2

고학년

이름:

▣ 시계 주요 부품인 무브먼트와 톱니바퀴를 이용하여 세상에 하나뿐인 재미난 시계를 만들어 봅시다. 나눠준 기본 세트에 톱니를 배치하고 동작을 만들기 위한 설계를 하세요.

교사용 참고 자료

※ 무브먼트 조립도

1 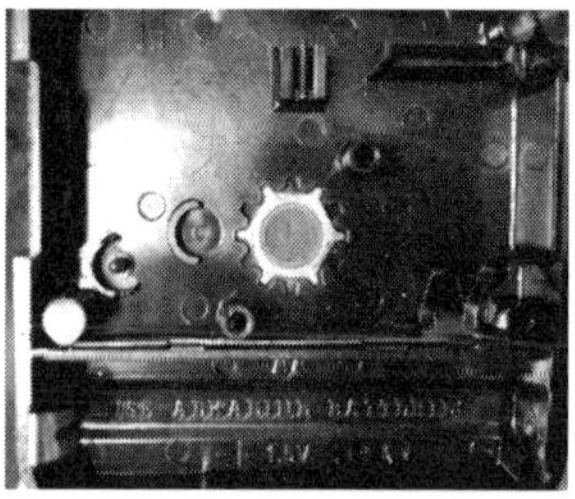	2 
3 	4 
5 	6 
7 	8 

C2 나만의 향기 만들기, 비(와 비율)-계(량)-측(정) 삼총사!

✎ 활동 개요

본 활동은 조향사에 대한 직업체험 과정을 통하여 생활 속의 비와 비율, 계량 단위에 관한 이해와 정확한 측정의 방법을 탐구하고 배운 내용을 실제적이고 현실적인 맥락 속에서 체험해볼 수 있도록 구성되었다. 수업 과정 전반에 대하여 학생들이 수학과 과학의 융합적인 관점에서 현실세계를 바라볼 수 있도록 'MS Tools'라는 태도를 가정하여 수학-과학 안경 / 돋보기 / 도구라는 세 가지 학습태도를 제안하였다. 이는 수학·과학의 관점으로 바라보기, 원리와 개념 탐구하기, 적용하기의 수업 단계로서 융합적 탐구활동의 의의를 구체적으로 표현하고 학생들의 탐구학습 방법 습득을 돕기 위해 고안되었다.

첫 번째 활동에서는 다양한 직업의 세계를 탐구하며 핵심 개념인 비와 비율의 표현과 관계, 다양한 계량 단위에 대해 알아보고 개념을 연습할 수 있도록 실생활 상황을 가정하여 구체적인 탐구활동을 수행한다.

두 번째 활동에서는 조향사의 직업 활동 체험을 수업의 테마로 정하여 배운 비와 비율과 계량단위의 관계를 살펴보고, 배운 내용을 활용하여 실제적 상황 맥락에서 문제해결을 위한 단계를 경험한다.

마지막으로는 정식 조향사가 되는 상황을 제시하여 활동참여에 대한 동기를 높였다. 구체적인 맥락의 설정을 통해 보다 목적성 있는 수학·과학 개념의 활용과 개념의 체화가 가능할 것이다.

디퓨저는 이전에 학교 수업에서 다루지 않았으나 학생들의 일상생활 속에서 쉽게 접할 수 있는 매력적인 소재이며, 직업체험 테마와 연결하여 학생들의 흥미를 자극하고 탐구 의욕을 고취할 수 있는 주제이다. 새로운 디퓨저 만들기와 관련된 수학과 과학 지식과 개념을 쉽게 이해하고 직접 사용하는 과정을 통하여 학생들은 지식의 이해와 활용이 통합된 문제 해결 경험을 얻을 것이다. 또한, 전체 과정을 통해 수학과 과학을 탐구하는 세 가지(안경-돋보기-도구) 단계를 거치며 앞으로의 학습에 있어 지속적으로 사용할 수 있는 탐구과정을 함께 익히게 될 것이다.

	차시	주요 활동 내용
활동 내용	1	M(ath)-S(cience) TOOL 배우기 - 다양한 직업의 세계 : 다양한 직업을 수학과 과학의 관점에서 바라보기 - 비(와 비율), 계(량단위), 측(정방법) 삼총사 생활 속 수학-과학 행동, 비-계-측의 의미와 필요성 - 비-계-측, 나도 전문가! : 실생활 상황을 활용하여 비-계-측 개념 연습하기
	2	조향사 그르누이 씨의 하루 - 그루누이씨의 하루 : 향수 제작 과정을 알아보고 개념 활용 연습하기
	3	조향사 ○○씨의 하루 - 디퓨저 향수 제작 계획 세우기 - 계획에 따라 라벨 및 디퓨저 제작하기 - 수업 참여 설문지 작성하기
준비물	디퓨저 용기, 계량 스푼(10mm/cc), 산적꽂이, 색 알코올, 향수, 네임펜	

디퓨저는 이전에 학교 수업에서 다루지 않았으나 학생들의 일상생활 속에서 쉽게 접할 수 있는 매력적인 소재이며, 직업체험 테마와 연결하여 학생들의 흥미를 자극하고 탐구 의욕을 고취할 수 있는 주제이다. 이전에 경험하지 않은 새로운 활동을 통해 디퓨저 만들기와 관련된 수학과 과학 지식과 개념을 쉽게 이해하고 직접 사용하는 과정을 통하여 학생들은 지식의 이해와 활용이 통합된 문제 해결 경험을 얻을 것이다. 또한, 전체 과정을 통해 수학과 과학을 탐구하는 세 가지(안경-돋보기-도구) 단계를 거치며 앞으로의 학습에 있어 지속적으로 사용할 수 있는 탐구과정을 함께 익히게 될 것이다.

✎ 융합적 요소 및 교육과정과의 연계성

<table>
<tr><th>융합적 요소</th><th>학습 목표</th><th>교육과정</th></tr>
<tr><td colspan="3">수학</td></tr>
<tr><td>수학적 추론능력</td><td>• 디퓨저 제작을 위한 재료의 혼합 및 색 조합 비율을 예상하고 필요한 단위를 추론할 수 있다.</td><td rowspan="3">■ 초등학교 3~4학년군
- (측정) 들이, 무게, 길이
- 여러 가지 들이 측정 단위

■ 초등학교 5~6학년군
- (규칙정) 비와 비율
: 비와 비율의 표현(비, %)</td></tr>
<tr><td>개념 및 원리의 이해</td><td>• 비와 비율을 읽고 표현할 수 있다.
• 계량 단위 및 측정 방법을 이해하여 사용할 수 있다.</td></tr>
<tr><td>문제해결 능력
의사소통 능력</td><td>• 배운 개념을 활용하여 디퓨저 제작을 위한 문제 해결 계획을 세우고 실행할 수 있다.
• 디퓨저 제작 과정을 수학과 과학 용어를 사용하여 설명할 수 있다.</td></tr>
<tr><td colspan="3">과학</td></tr>
<tr><td>기본 개념 이해</td><td>• 계량 단위와 측정 물질에 따른 다양한 측정 방법을 사용할 수 있다.</td><td rowspan="3">■ 초등학교 3~4학년군
- (물질과 에너지) 액체와 기체
: 액체 부피 측정, 단위 표현

■ 초등학교 1~3학년군
- (물질과 에너지) 확산</td></tr>
<tr><td>현상에 대한 관심</td><td>• 향수와 알코올의 확산 정도의 차이를 활용하여 방향용 디퓨저를 제작할 수 있다.</td></tr>
<tr><td>과학적 탐구 능력</td><td>• 적절한 향의 세기와 확산 속도를 정하기 위한 디퓨저 제작 계획을 세울 수 있다.</td></tr>
</table>

✎ 수업 테마

• 체험활동 중심 : 조향사가 되어 자신만의 디퓨저를 직접 제작하며 들이의 계량 단위, 들이 재기(측정)의 관계를 이해한다. 디퓨저 제작 계획을 세우는 과정에서 재료의 혼합 비율, 색상의 혼합 개념을 이해하고 비-계-측 세 가지 수

학-과학 융합적 개념을 체화한다.

- 사고과정 중심: 디퓨저 향 세기와 색을 조절하기 위한 방법을 탐구하면서 비와 비율, 확산의 원리 등에 대한 이해를 심화한다. 나만의 향 만들기를 통해 자신의 특성과 개성을 나타내고 다른 사람들과 공유하는 의사소통 능력을 기른다.
- 수학 본질에 대한 이해: 디퓨저를 만드는 활동을 통해 실생활에 깊숙이 자리한 수학과 과학의 개념과 현상들을 확인함으로써 융합적 사고의 필요성을 인식한다.
- 수학 및 과학의 지식과 기능을 활용한 합리적인 선택의 유용성을 체험하고 긍정적인 융합수학적 태도를 기른다.

✎ 교수·학습 과정안(1차시)

활동명	조향사 그르누이 씨와 비-계-측 삼총사
활동주제	수학과 과학의 관점에서 다양한 직업 세계를 탐구하고 관련된 수학과 과학 개념 확인하기
학습목표	1. 비와 비율, 계량 단위, 측정 방법의 개념을 발견하고 이해할 수 있다. 2. 다양한 직업 활동에서 사용되는 수학과 과학 개념을 설명할 수 있다.

조향사 그르누이 씨와 비-계-측 삼총사

도입 수학-과학 안경 쓰기

- 수학과 과학을 배울 때 필요한 3가지 준비물 소개하기
- M-S 안경, 돋보기, 도구 (초보자, 연습생, 전문가) : 세 가지 준비물을 가지고 수학과 과학을 공부하는 방법 알아보기
- 이렇게 활동했어요!

  ① 세 가지 M-S 준비물의 사용 단계

  - 모든 현상을 M-S 안경을 끼고 바라보며 수학과 과학 개념을 발견하기
  - 발견한 수학과 과학 개념을 M-S 돋보기로 자세히 이해하고 사용·연습하기
  - M-S 도구로 배운 개념을 체험활동이나 실험에 실제로 사용·적용하기

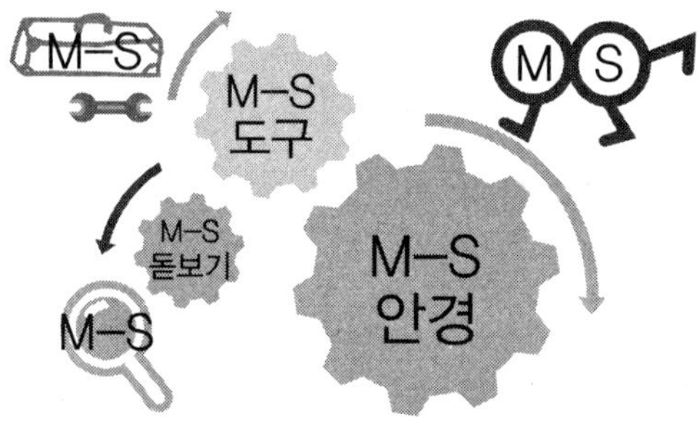

② 세 가지 M-S 준비물 스티커를 각각의 학습지에 붙이고 활동을 시작함

M-S 안경

M-S 돋보기

M-S 도구

활동 1 다양한 직업의 세계

- 사진 속 직업활동에서 수학-과학의 개념 찾아보기
- 활동 순서

  ① 사진 속 직업들이 하고 있는 행동 살펴보기

  - 들이, 무게, 길이 등을 측정하는 장면 (계량단위의 사용, 측정 행위, 비율 계산)

  ② 사진 속 설명서와 요리 레시피에서 수학-과학 개념 발견하기

  - 다양한 개념을 나열하고, 그 중에서 배울 개념 도출: 비와 비율, 계량 단위, 측정 방법 도출

  ③ 각각의 직업 활동에서 비-계-측 삼총사 확인하기

  - 가구제작자, 제빵사, 쇼콜라티에, 바리스타, 바텐더, 조향사, 영양사 등
- 이렇게 활동했어요!

[예상답변]

- 계량컵, 계량스푼
- 계란, 밀가루, 물의 비율
- 물질의 혼합
- 무게, 들이

✎ **여기서 잠깐!**

- 학생들이 M-S 안경을 쓰고 다양한 직업을 수학과 과학의 관점에서 바라볼 수 있도록 상황을 설정하고, 다양한 답을 수용하여 최대한 많은 개념들을 발견할 수 있도록 한다.

활동 2 비-계-측 삼총사, 너는 누구?!

▣ 개념 이해 및 필요성 확인하기

- 비와 비율: 기준 양 정보가 있을 때, 실제로 필요한 양을 알아내기 위해 사용함
- 계량 단위: 필요한 양을 효율적으로 재거나 구하기 위해 사용함

  ㉔ 100ml를 잴 때, 10ml 계량스푼과 50ml의 계량스푼 중 어느 것을 사용할까요?
- 측정 방법: 정확한 양을 잴 때 사용함 (필요한 양을 재는 정확한 방법 습득)

활동 3 조향사 그르누이 씨와 비-계-측 삼총사

▣ 직업활동 속 비–계–측 개념 탐구하기

- 개인 맞춤 향수를 제작하는 그루누이 씨가 출근해서 하는 하루 일과를 살펴보며, 작업 과정에서 비-계-측 삼총사 찾아보기
- 그르누이 씨의 하루

  ① 향수 주문 확인 및 테마 회의 (향수 주문자에 맞는 테마 정하기)

  ② 정해진 테마, 주제에 따라 향수 제조 계획 세우기

  – 향의 종류, 향의 진하기, 향수 색, 향수 이름, 향수 특징 설명 (향의 세기와 향수의 색은 향수와 알코올의 비율, 색알코올의 비율로 조정)

  ③ 향수 전면, 후면 라벨 제작하기

  – 전면: 향수 이름, 로고, 제작자 이름

  – 후면: 원재료 목록 및 비율, 향수 제작 의도 및 설명

  ④ 향수 제조하기

  – 제작 계획에 따라 재료 배합하고 라벨지 붙여 완성하기 (재료 배합 시, 들이의 단위 사용하고 들이 측정 방법 활용하기)
- 비-계-측 삼총사가 각각 어느 단계에서 사용되는지 확인하고 표시하기
- 이렇게 활동했어요!

▣ 조향사 그르누이 씨의 하루를 살펴보며 비-계-측 삼총사를 찾아봅시다.

<table>
<tr><td rowspan="2">제작과정</td><td>향수 주문 확인
및 테마 회의</td><td>향수 제조 계획
세우기</td><td>전/후면
라벨지 제작</td><td>향수 제조하기</td></tr>
<tr><td>향수 주문 정보
선호하는 향, 색
주문자의 특징 파악하기</td><td>향수 제조 계획
1. 향의 종류
2. 향의 진하기
3. 향수의 색
4. 향수 제목, 특징 설명하기</td><td>전면 라벨
향수 이름, 로고, 제작자 명
후면 라벨
원재료 목록 및 배합 비율, 제작 의도 설명</td><td>향수 제조
제작 계획대로
1. 알맞은 단위 사용
2. 재료의 양 측정
3. 재료 혼합
4. 라벨지 부착</td></tr>
<tr><td rowspan="2">비-계-측 삼총사</td><td></td><td>비와 비율</td><td>비와 비율
계량 단위</td><td>비와 비율
계량 단위
측정 방법</td></tr>
<tr><td colspan="4">각 단계에서 찾을 수 있는 비-계-측 삼총사 스티커 붙이기</td></tr>
</table>

✍ 정리하기

- 비-계-측 삼총사의 개념과 필요성 되짚어보기, 생활 속에서 활용되는 예 찾아보기
- 수학-과학 안경과 돋보기를 사용해 본 소감 말하기

고학년 활동 1

다양한 직업의 세계

이름:

▣ 여러 가지 직업을 수학-과학 안경을 끼고 살펴봅시다.

직업	수학이나 과학과 관련된 행동
바텐터	
제빵사	
조향사	
쇼콜라티에	
바리스타	
영양사	

M-S 스티커
붙이는 곳

비-계-측 삼총사, 너는 누구?! 활동 2

고학년

이름:

▣ 비(와 비율)-계(량 단위)-측(정 방법) 삼총사의 의미를 알아봅시다.

1. 삼총사의 의미에 맞게 빈 칸에 비-계-측 삼총사 스티커를 각각 붙여봅시다.

	기준 양 정보가 있을 때, 실제로 필요한 양을 알아내기 위해 사용함
	필요한 양을 효율적으로 재거나 구하기 위해 사용함 ㉮ 100ml를 잴 때, 10ml 계량스푼과 50ml의 계량스푼 중 어느 것을 사용할까요?
	정확한 양을 잴 때 사용함 (필요한 양을 재는 정확한 방법 습득)

M-S 스티커
붙이는 곳

고학년 활동 3 조향사 그루누이 씨와 비-계-측 삼총사

이름:

■ 조향사 그루누이 씨의 하루를 살펴보며 비-계-측 삼총사를 찾아봅시다.

	향수 주문 확인 및 테마 회의	향수 제조 계획 세우기	전/후면 라벨지 제작	향수 제조하기
제작 과정	**향수 주문 정보** 선호하는 향, 색, 주문자의 특징 파악하기	**향수 제조 계획** 1. 향의 종류 2. 향의 진하기 3. 향수의 색 4. 향수 제목, 특징 설명하기	**전면 라벨** 향수 이름, 로고, 제작자 명 **후면 라벨** 원재료 목록 및 배합 비율, 제작 의도 설명	**향수 제조** 제작 계획대로 1. 알맞은 단위 사용 2. 재료의 양 측정 3. 재료 혼합 4. 라벨지 부착
비-계-측 삼총사				
	각 단계에서 찾을 수 있는 비-계-측 삼총사 스티커 붙이기			

M-S 스티커 붙이는 곳

✎ 교수·학습 과정안(2차시)

활동명	견습 조향사 ○○ 씨의 하루
활동주제	조향사의 직업활동 과정 속에서 찾은 비-계-측 세 가지 개념을 이해하고 활용하기
학습목표	1. 조향사의 직업활동에서 발견한 비-계-측 세 가지 개념을 활용하여 문제를 해결할 수 있다.

견습 조향사 ○○ 씨의 하루

도입 수학-과학 돋보기로 조향사 살펴보기

- 동영상에 나온 직업을 수학-과학 돋보기로 자세히 살펴봅시다.
- 수학이나 과학과 관련된 개념을 사용한 행동을 찾아봅시다.
  - 들이 재기, 다양한 향수 원액 비율대로 혼합하기 등

〈동영상 자료: 유투브(http://youtu.be/MqZaNydhMYM)〉

활동 1 ○○씨의 향수 연구소 입사 시험

▣ 필기시험

- 예제 1 : Soo Teacher를 위한 판타스틱 향수 만들기 미션

a. 향의 진하기 : 전체에 대한 향수 원액의 비율로 조절하기

향의 진하기	은은함	보통	강렬함
향수원액(%)	10	20	30

b. 색의 진하기 : 전체 용액의 양에 대한 색 알코올의 양의 비율로 조절하기

– 색의 종류 : 노랑, 파랑, 초록, 주황 중에 한 가지 또는 두 가지 색 선택하기

– 전체 용액에 대한 색 알코올의 양 정하기

색의 진하기	옅음	보통	진함
색알콜(%)	30	50	70

c. Soo Teacher는 가장 약한 향의 진하기와 연한 초록색의 디퓨저를 주문하였다. 어떤 비율로 향수와 색 알코올을 섞어야 하는지 계획해보자.

- 이렇게 활동했어요!

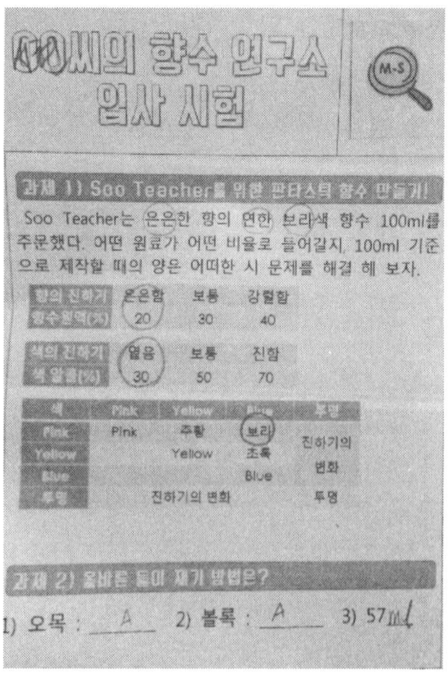

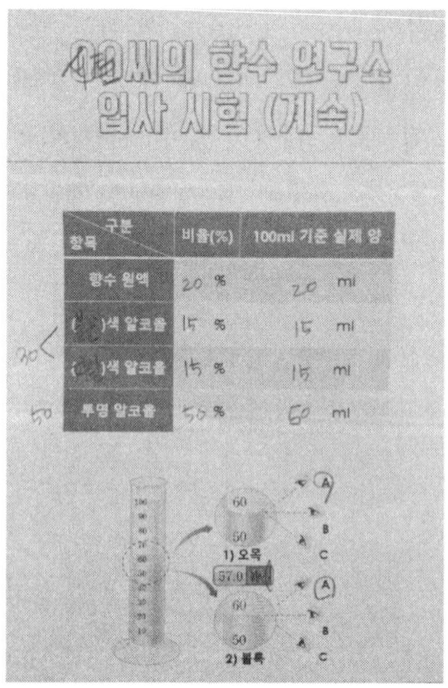

d. 향수 원액 : 색 알코올과 투명 알코올의 비율 정하기

– 제작할 향수의 총량에 따라 실제로 필요한 재료의 양 계산하기

- 예제 2 : 예제 1에서 계획한 대로 원재료를 섞는 단계를 진행하려 한다. 다음 중 올바른 들이 재기 방법은 무엇일까? (들이 측정 방법 확인하기)

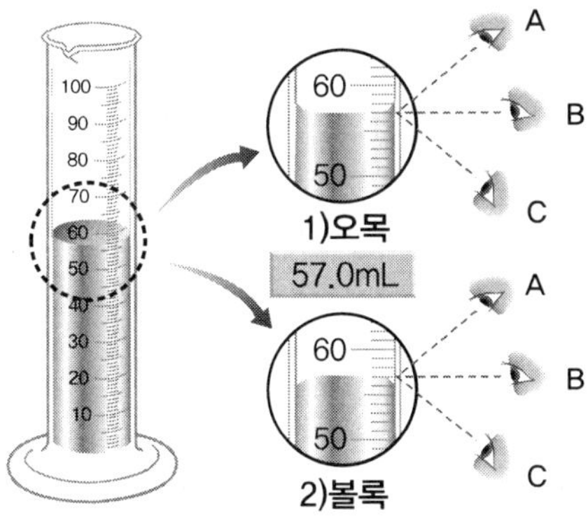

✎ 여기서 잠깐!

1. 두 가지 이상의 색을 섞을 때에는 노랑–초록, 노랑–파랑, 노랑–주황의 조합만 사용하기 (가산혼합이므로 여러 가지 색을 섞으면 검은색, 갈색 등의 색으로 변함)

활동 2 ○○ 씨의 향수 연구소 입사 시험

▣ 실기시험

- 디퓨저 용액을 담을 용기에 눈금 그어보기

– 다양한 크기의 들이를 기준으로 2가지의 눈금 그어보기 (5ml, 10ml, 15ml)

– 디퓨저 통에 직접 물을 넣어가며 선을 그어 눈금 표시하기

• 이렇게 활동했어요!

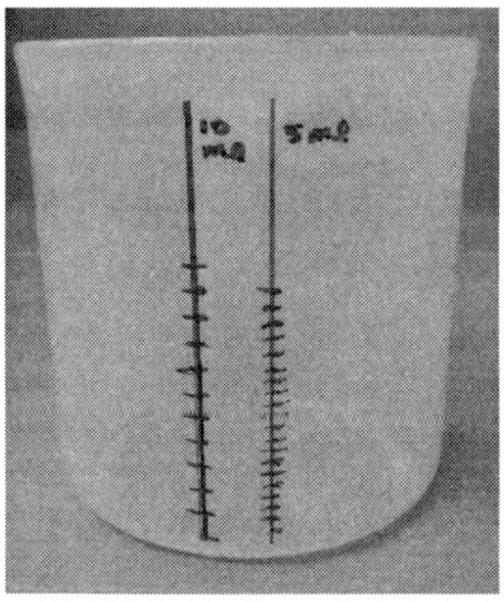

정리하기

• 각자 해결한 예제의 결과를 다른 조원과 확인하기

○○ 씨의 향수 연구소 입사 시험

활동 1~2

고학년

이름:

▣ 예제 1 : Soo Teacher를 위한 판타스틱 향수 만들기 미션

Soo Teacher는 가장 약한 향의 진하기와 연한 초록색의 디퓨저를 주문하였다. 어떤 비율로 향수와 색 알코올을 섞어야 하는지 계획해 보자.

1. 향의 진하기 : 전체에 대한 향수 원액의 비율

향의 진하기	은은함	보통	강렬함
향수원액(%)	10	20	30

2. 색의 진하기 : 전체에 대한 색 알코올의 비율

색의 진하기	옅음	보통	진함
색알콜(%)	30	50	70

3. 색 조합 : 노랑, 파랑, 초록, 살구 중 한 가지 또는 두 가지 색 사용

<table>
<tr><td>색</td><td>노랑</td><td>초록</td><td>파랑</td><td>주황</td><td>투명</td></tr>
<tr><td>노랑</td><td>노랑</td><td>연두</td><td>초록</td><td>살구</td><td rowspan="4">진하기의 변화</td></tr>
<tr><td>초록</td><td></td><td>초록</td><td>×</td><td>×</td></tr>
<tr><td>파랑</td><td></td><td></td><td>파랑</td><td>보라</td></tr>
<tr><td>주황</td><td></td><td></td><td></td><td>주황</td></tr>
<tr><td>투명</td><td colspan="4">진하기의 변화</td><td>투명</td></tr>
</table>

4. Soo Teacher를 위한 향수 만들기 계획 세우기

구분 / 항목	비율	100ml 기준 실제 양
향수 원액		
(　　)색 알코올		
(　　)색 알코올		
(　　)색 일코올		

5. 올바른 들이 재기 방법은?

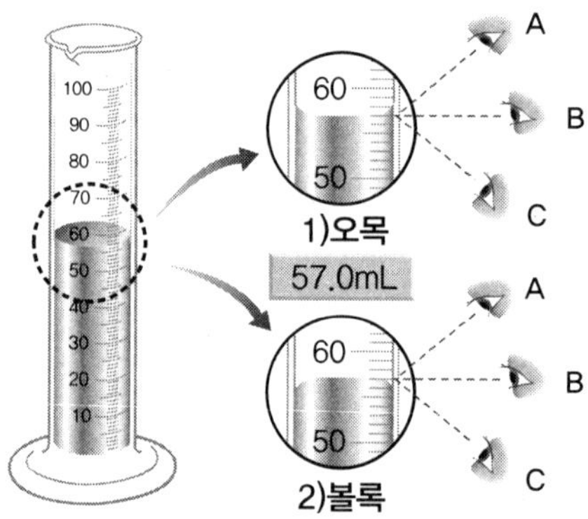

1) 오목 :

2) 볼록 :

6. 디퓨저 통에 눈금 긋기 (5ml, 10ml, 15ml 단위 중 2가지 선택)

M-S 스티커
붙이는 곳

✎ 교수·학습 과정안(3차시)

활동명	비-계-측 삼총사와 함께하는 조향사 ○○ 씨의 하루
활동주제	조향사가 되어 비-계-측 세 가지 개념을 활용한 체험활동 참여하기
학습목표	1. 비-계-측 세 가지 개념을 사용하여 디퓨저 계획하기 2. 계획한 디퓨저 직접 제작하기

비-계-측 삼총사와 함께하는 조향사 ○○ 씨의 하루

도입 단 한 명을 위한 디퓨저

▣ 맥락이 있는 문제 상황 제시하기

- 수학-과학 준비물을 다양하게 활용하는 전문 조향사가 된 ○○씨의 첫 작품 계획하기
- 내가 아끼는 단 한 명을 위한 디퓨저 제작과 관련된 비-계-측 삼총사 사용하여 계획 세우기

활동 1 향수 제작 계획서 작성하기

- FOR (누구를 위해) :
- MADE BY (만든 사람) :
- 제품명, 제품 컨셉/특징/설명 :
- 원재료 및 함유량 : (은은한/보통/강렬한) 향의 (옅은/보통/짙은) (   )색의 향수

구분 / 항목	비율	100ml 기준 실제 양
향수 원액	%	
( )색 알코올	%	
( )색 알코올	%	
( )색 알코올	%	

- 이렇게 활동했어요!

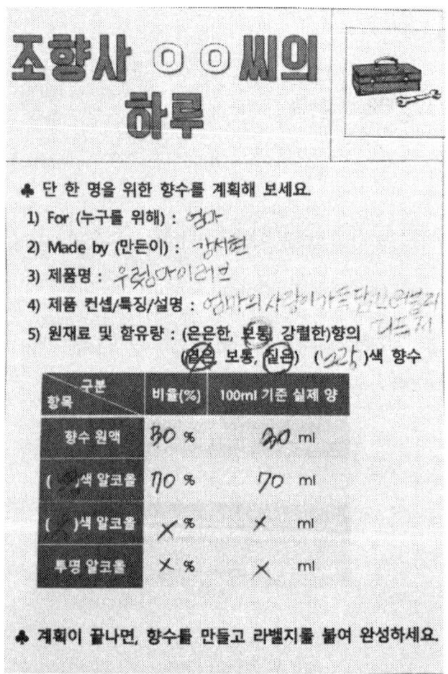

조향사 ○○씨의 하루

♣ 단 한 명을 위한 향수를 계획해 보세요.

1) For (누구를 위해) : 엄마
2) Made by (만든이) : 강서현
3) 제품명 : 우렁마이러브
4) 제품 컨셉/특징/설명 : 엄마의 사랑이 가득 담긴 [illegible]
5) 원재료 및 함유량 : (은은한, 보통, 강렬한)향의 (옅은, 보통, 짙은) (보라)색 향수

구분 / 항목	비율(%)	100ml 기준 실제 양
향수 원액	30 %	30 ml
( )색 알코올	70 %	70 ml
( )색 알코올	× %	× ml
투명 알코올	× %	× ml

♣ 계획이 끝나면, 향수를 만들고 라벨지를 붙여 완성하세요.

활동 2 계획에 따라 향수 제작하기

- 활동순서

 ① 100ml를 전체 양으로 정하고 들어갈 재료 준비하기 (향수 원액, 알코올, 계량스푼, 사인펜 심, 산적꽂이)

- 이렇게 활동했어요!

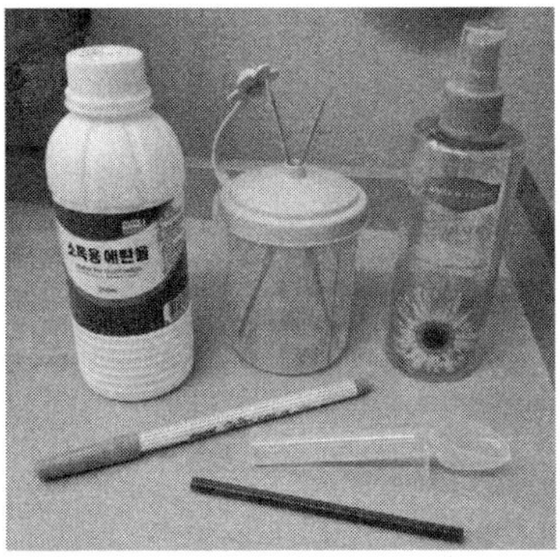

 ② 향수 원액 - 연한 색 알코올 - 진한 색 알코올 순서로 섞기

 ✎ 여기서 잠깐!

 진한 색 알코올은 자신이 원하는 진하기에 도달할 때 까지 조금씩 나누어 넣기

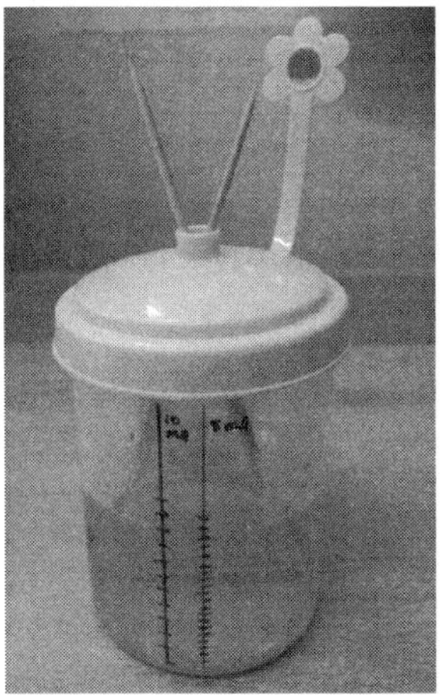

 ③ 완성된 용액에 산적꽂이를 넣고 용기 겉에 라벨지를 붙여 디퓨저로 사용하기

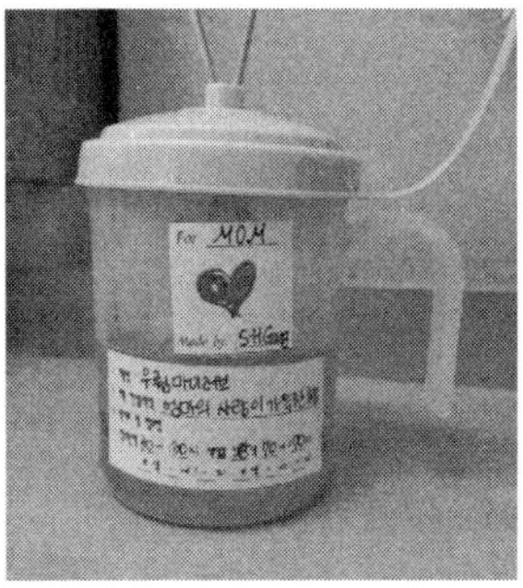

✎ 여기서 잠깐!

1. 학생 스스로 자신이 정한 향수의 특징에 따라 섞는 비율을 정하도록 한다.
2. 사인펜 심을 알코올에 담가 색을 낼 수 있다.
   - 파랑, 초록: 색이 진하므로 잠깐만 담가두거나 투명 알코올과 섞어서 사용한다.
   - 빨강: 빨강 대신 주황으로 색이 나오므로 주의하여 사용한다.
   - 투명 알코올로 색의 진하기를 조절할 수 있다.
3. 오래된 향수를 재사용하는 경우, 집에서 미리 뚜껑을 열어 올 수 있도록 하며, 시중에 나와 있는 대용량 방향제를 사용하여 반 전체가 사용하도록 준비하는 방법도 있다.

정리하기

- 디퓨저를 만드는 과정에서 사용된 비와 비율, 계량 단위, 측정 방법을 개념 정리하기
- 수업 전반의 과정에서 경험한 직업체험 테마와 수학-과학 준비물에 대한 생각 나누기

○○ 씨의 향수 첫 번째 향수

활동 1~2

고학년

이름:

■ 정식 조향사가 된 ○○씨의 첫 번째 향수를 만들어 봅시다.

○○씨는 향수 연구소 입사 시험을 통과해서 정식 조향사가 되었습니다. 첫 번째 작품으로는 가장 아끼는 사람을 위한 특별한 디퓨저를 만들기로 했습니다. 그동안 배운 디퓨저 만들기 과정과 비-계-측 삼총사를 생각하며 직접 디퓨저를 만들어 봅시다.

[참고 자료] (1~3)

1. 향의 진하기

향의 진하기	은은함	보통	강렬함
향수원액(%)	10	20	30

2. 색의 진하기

색의 진하기	옅음	보통	진함
색알콜(%)	30	50	70

3. 가능한 색 조합

<table>
<tr><td>색</td><td>노랑</td><td>초록</td><td>파랑</td><td>주황</td><td>투명</td></tr>
<tr><td>노랑</td><td>노랑</td><td>연두</td><td>초록</td><td>살구</td><td rowspan="4">진하기의 변화</td></tr>
<tr><td>초록</td><td></td><td>초록</td><td>x</td><td>x</td></tr>
<tr><td>파랑</td><td></td><td></td><td>파랑</td><td>보라</td></tr>
<tr><td>주황</td><td></td><td></td><td></td><td>주황</td></tr>
<tr><td>투명</td><td colspan="4">진하기의 변화</td><td>투명</td></tr>
</table>

4. 향수 제작 계획 세우기

1) FOR (누구를 위해) :

2) MADE BY (만든 사람) :

3) 제품명, 제품 컨셉/특징/설명 :

4) 원재료 및 함유량 : (은은한/보통/강렬한) 향의 (옅은/보통/짙은) (　　)색의 향수

구분 / 항목	비율	100ml 기준 실제 양
향수 원액	%	
(　　)색 알코올	%	
(　　)색 알코올	%	
(　　)색 알코올	%	

M-S 스티커
붙이는 곳

교사용 참고 자료

※ 디퓨저(방향용 향수)

diffuser는 살포자, 보급자, 확산체, 확산통 등을 의미하는 단어로서 발향액이 담긴 병에 리드(막대기)를 꽂아 놓고 리드가 발향액을 흡수하여 공기중에 향기를 확산시키는 원리이다. 보통 에센셜오일과 소독용 알코올을 섞거나 오일 대신 오래된 향수를 재활용하는 방법도 있다. 리드는 나무재질의 막대기를 사용하는데, 가정에서 쉽게 구할 수 있는 산적꽂이나 김발의 막대기 등을 사용할 수 있다.

향수를 사용할 경우, 향수와 알코올의 비율이 2:8에서 4:6 정도가 되도록 혼합하여 사용한다. 학교 수업으로 반 전체가 각자 준비한 향수를 사용할 경우 너무 많은 향이 섞이거나 향이 강할 수 있으므로 대용량 섬유탈취제나 방향제 용액을 교사가 준비하여 사용하는 것도 한 방법이다.

참고문헌

교육과학기술부(2012). 2009 개정 교육과정 수학과 교육과정 (교육과학기술부 고시 제 3011-361호). 서울: 우신기획.

교육과학기술부(2013a). 과학: 초등학교 교사용 지도서 5-1. 서울: 두산동아.

교육과학기술부(2013b). 과학: 초등학교 교사용 지도서 5-2. 서울: 두산동아.

교육과학기술부(2013c). 과학: 초등학교 교사용 지도서 6-1. 서울: 두산동아.

교육과학기술부(2013d). 과학: 초등학교 교사용 지도서 6-2. 서울: 두산동아.

교육과학기술부(2013e). 수학: 초등학교 교사용 지도서 5-1. 서울: 두산동아.

교육과학기술부(2013f). 수학: 초등학교 교사용 지도서 5-2. 서울: 두산동아.

교육과학기술부(2013g). 수학: 초등학교 교사용 지도서 6-1. 서울: 두산동아.

교육과학기술부(2013h). 수학: 초등학교 교사용 지도서 6-2. 서울: 두산동아.

노일순, 조미경, 윤수영, 김민경(2014). 기어 개념 및 원리를 활용한 수학과 과학 원리 탐구 수업. 2014 한국수학교육학회 춘계학술대회 451-457.

이수현, 이지현, 김민경(2015). 수학·과학 융합 수업 개발 및 적용 사례(고학년): 비(와 비율)-계(량단위)-측(정방법) 삼총사와 나만의 디퓨저 향수 만들기. 2015 한국수학교육학회 춘계학술대회 프로시딩 473-478.

파트리크 쥐스킨트, 강명순 역(2008). 향수: 어느 살인자의 이야기. 경기: 열린책들.

한국과학창의재단(2013). 손에 잡히는 STEAM 교육: 무엇이 아이들을 즐겁게 하는가. 서울: 한국과학창의재단.

융합인재교육 • STEAM •

Part D

초등학교 수학·예술·과학 융합 수업 : 넘버 콜라주

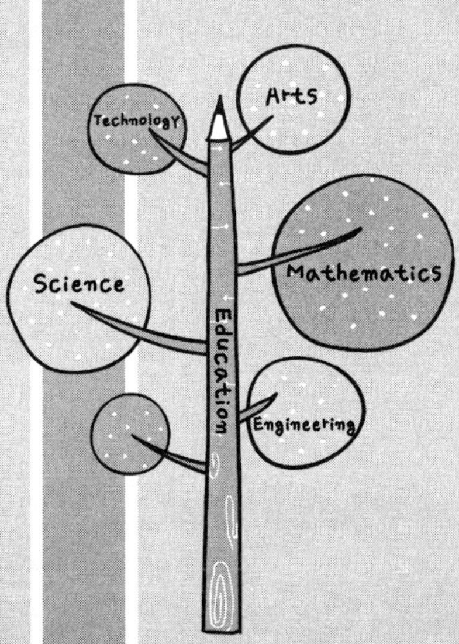

D 수로 보는 실세계와 넘버 콜라주

✎ 활동 개요

본 활동은 광대하게 인간 삶과 관련된 수(Number)를 수학과 과학의 다양한 관점에서 탐구하고, 현대사회에서 다양한 매체와 표현방법이 조합된 융합적 예술기법인 콜라주(Collage) 기법으로 표현하는 수학, 과학, 예술의 융합프로그램으로 구성하였다.

저학년 활동에서는 1, 2, 3차원을 기하학의 관점에서 바라보고, 실생활에서 적용된 과학기술의 발달 속에서 1, 2, 3차원을 이해한다. 이를 통해 1, 2, 3차원의 개념을 수학과 과학의 통합적 관점에서 이해하고 각 차원의 속성을 만들기 과정에 활용함으로써 차원의 개념을 수학, 과학, 미술의 융합적 관점에서 이해하게 될 것이다.

중학년 활동에서는 스포츠(올림픽)의 숨은 비밀을 마찰과 저항, 에너지에 관련된 요소로 탐구해보는 과학적 활동과 수의 성질을 탐구하는 수학적 활동이 이루어지며 통합적으로 탐구한 내용을 염색이 가능한 색종이를 이용하여 나만의 티셔츠를 디자인한다. 교과서가 아닌 일상생활과 스포츠에서 수학과 과학에 관련된 요소를 찾고 표현해보는 활동을 통해 학생들은 일상생활에서 접하는 '스포츠'를 단순한 체육활동이 아닌 수와 과학의 원리를 찾고 탐색할 수 있는 새로운 경험을 하게 될 것이다.

고학년 활동에서는 각종 IT 기기를 사용하는 스마트 세상에서 기기 간 대화의 수단인 데이터에 들어 있는 수학과 과학의 개념을 탐구하여 이를 '나를 표현하는 스마트 넘버'를 창의적으로 만들고 가방에 표현하는 활동으로 구성된다. 이를 통해 '데이터'에 들어 있는 수학적 진법 개념과 과학적 전기 개념이 어떻게 통합되어 활용되는지 이해하게 되고 나아가서 사이버 공간에서 스마트 넘버가 갖는 의미와 개인정보의 중요성, 타인의 지적 재산권 보호의 윤리적인 문제까지 확대할 수 있는 기회를 갖게 될 것이다.

본 수업을 통해 수(number)를 수학과 과학의 다양한 관점에서 이해하고 콜라주 기법과 연계 짓는 활동을 경험함으로써 수학 및 과학적 지식을 디자인적 사고와 융합하여 자신의 생활 세계와 연결시키는 관계적 사고를 형성하고 사고의 폭을 넓혀 융합적 사고를 할 수 있고, 창의성을 증진시킬 수 있을 뿐만 아니라 학생들의 내적 흥미를 유발할 수 있다.

	학년	주요 활동 내용
활동내용	저	◈ 기하학의 관점 및 과학기술 발달 측면에서 1, 2, 3차원 이해하기 • 기하학의 관점에서 1, 2, 3차원을 이해하기 • 일상생활에서 활용되는 과학기술의 발달 속에서 1, 2, 3차원을 이해하기 • 각 차원의 속성을 만들기 과정에 활용하여 창의적으로 나만의 티셔츠 만들기
	중	◈ 스포츠 속에 숨은 수와 물체 사이의 힘의 원리 이해하기 • 소수와 합성수 찾기 등의 활동 통해 수의 성질 탐색 • 다양한 스포츠 속의 마찰과 서항에 관련된 요소와 속도, 에너지 관계 탐구 • 스포츠와 관련된 수와 속도(마찰, 저항)의 요소를 염색 색종이를 활용하여 나만의 티셔츠 만들기
	고	◈ 데이터의 원리를 탐색하고 정보표현방법 이해하기 • 스마트 세상에서 사용되는 데이터의 원리 이해하기 • 나를 나타내는 스마트 넘버를 창의적으로 찾고 이를 디자인하기 • 그래픽 편집과 활용을 통해 나를 표현하는 가방 만들기

- 수(Number)는 수 또는 양을 나타내는 고대 라틴어인데, 우리가 살고 있는 실세계에서 수(Number)와 관련된 것들을 무수히 많이 찾아볼 수 있다. 예를 들면, 시계의 시간을 읽거나 상점에서 계산을 하거나 물건의 개수를 세거나 나이를 말하는 것, 운동선수들의 점수를 비교하는 것 등과 같이 일상적인 생활의 범주에 속하는 것들도 있고, 과학 분야에서 수많은 데이터들의 측정 결과를 제시하거나 건축 분야, 미래 예측 등 전문적인 분야에 관련되는 것들도 있다. 이렇게 수(Number)는 여러 가지 측면에서 광대하게 인간 삶과 관련되는 것을 볼 수 있으나, 실제적으로 학생들은 수를 숫자와 혼동하는 것과 같이 편협하게 이해하는 경향이 있다. 따라서 숫자가 아닌 수라는 큰 관점에서 이해할 수 있도록 한다.
- 콜라주(Collage)는 "본래 '풀칠' '바르기' 따위의 의미였으나, 전용되어 화면에 인쇄물, 천, 쇠붙이, 나무조각, 모래, 나뭇잎 등 여러 가지를 붙여서 구성하는 회화기법, 또는 그러한 기법에 의해 제작되는 회화"를 의미한다. 1911년경 입체주의 시대의 피카소(Pablo Picasso, 1881~1973)와 브라크(Georges Braque, 1892~1963)

는 화면에 그림물감으로 그리는 대신 신문지, 우표, 벽지, 상표 등의 실물을 붙여 화면을 구성하는 방식의 파피에 콜레(papier collé, 종이 붙이기)라는 기법을 창안한 것에서 기원을 찾을 수 있다. 현대에는 다양한 매체와 표현방법이 조합된 융합적 예술기법의 의미로도 통용되기도 한다. 또한 아동미술교육활동에서의 콜라주 기법은 다양한 문화의 자극이나 환경 안에서 자료를 수집하고 다양한 재료에 관심을 가지면서 새로운 것을 과감히 선택할 수 있는 확장적 사고를 배양시켜 줌으로써 창의성 향상에 가장 중요한 적극적인 사고의 태도를 가지게 해주는 것으로도 본다.

D1 1, 2, 3, 넌 누구니?

✎ 융합적 요소 및 교육과정과의 연계성

융합적 요소	학습 목표	교육과정
수학		
수학적 추론능력	• 미술양식(점묘주의, 모자이크 등)에서 여러 도형에 관한 수학적 요소와의 관련성을 찾을 수 있다.	**■ 초등학교 1~2학년군** - 평면도형과 그 구성 요소 - 평면도형의 모양 - 입체도형의 모양
개념 및 원리의 이해	• 점, 선, 면, 입체에 관한 도형들의 개념과 관계를 이해할 수 있다.	**■ 초등학교 3~4학년군** - 도형의 기초 - 여러 가지 삼각형 - 여러 가지 사각형
문제해결 능력 의사소통 능력	• 일상생활에서 점, 선, 면, 입체의 특징을 발견하고 설명할 수 있다.	**■ 초등학교 5~6학년군** - 직육면체와 정육면체
과학		
기본 개념 이해	• 여러 가지 과학기술에 적용된 차원의 개념을 찾을 수 있다.	**■ 자신을 둘러싼 주변을 대상으로 기초적인 탐구 활동을 수행하기**
현상에 대한 관심	• 일상생활에서 과학기술의 발달로 인한 생활의 편리함을 느낄 수 있다.	**■ 과학, 기술, 사회의 관계**
과학적 탐구 능력	• 과학기술과 사회발달의 관계를 이해할 수 있다.	**■ 초등학교 5~6학년군(실과)** - 기술과 발명의 기초 - 전기, 전자의 이용 - 로봇의 이해

✎ 교수·학습 과정안(1차시)

활동명	우리가 사는 세상 속 1, 2, 3차원
활동주제	1, 2, 3차원 이해하기
학습목표	1. 점, 선, 면, 입체에 관한 도형들의 개념과 관계를 이해할 수 있다. 2. 일상생활의 과학기술에 적용된 차원의 특징을 설명할 수 있다.

점묘주의와 점에 대해 알아보기

- 《점·점·점이 모여서》, 함께 읽기
  (김인숙 글, 정세연 그림, 아람출판사, 2013)
- 점묘주의 기법에 대한 이해를 통해 점의 특징 알아보기
- 점이 선이 되는 방법 알아보기 (예 점을 일렬로 촘촘하게 찍을 때, 점과 점을 연결할 때 등)
- 선 위의 점에 대해 알아보기

활동 1 1차원과 2차원에 대해 알아보기

- 선에 대해 알아보기
  - 선의 특징 알아보기
  - 선과 선이 만날 때의 관계에 대해 알아보기
  - 선이 면이 되는 방법 알아보기 (예 색연필로 색칠하며 선이 세밀하게 모일 때, 선을 이어 모양을 만들 때 등)
- 면에 대해 알아보기
  - 면의 특징 알아보기
  - 면과 면이 만나 이루는 모양 찾아보기
  - 테셀레이션과 모자이크 기법 등으로 구성된 작품을 감상하고, 면의 특징이 예술 작품화된 과정 생각해보기
- 1차원 바코드와 2차원 바코드(QR 코드)에 대해 알아보기

활동 2 3차원에 대해 알아보기

- 입체도형의 특징 알아보기
- 실생활에서 다양한 입체도형의 모양 찾아보기
- 입체도형으로 만든 예술 작품 감상하기
- 2차원 프린터와 3차원 프린터

  여기서 잠깐!

  1. 3차원 프린터는 주위에서 보기에 쉽지 않으니, 3차원 프린터가 쓰이는 샘플 제작의 사례나 뉴스에서 제공하는 참고 동영상 등을 보여주어 2차원 프린터와의 차이점을 발견하도록 한다.
  2. 3차원 프린터 외에 3D 펜(http://www.youtube.com/watch?v=Oicty3Eocq0)이나 영화 캐릭터의 3D 제작(http://www.youtube.com/watch?v=nmMcdJiC5ml) 등과 같은 실제 사례에 관한 동영상을 활용할 수 있다.

정리하기

- 1, 2, 3차원의 특징이 활용된 나의 경험을 되돌아보기

✎ 교수·학습 과정안(2차시)

활동명	내 세상 속의 1, 2, 3차원
활동주제	1, 2, 3차원의 특징을 활용하기
학습목표	1. 각 차원의 속성을 만들기 과정에 활용할 수 있다. 2. 창의적으로 나만의 티셔츠를 만들 수 있다.

나만의 티셔츠 만들 준비하기

- 각 차원의 속성을 적용하여 나만의 티셔츠 만드는 방법 알아보기
- 준비물 : 티셔츠, 패브릭 마커, 실, 바늘, 단추, 헝겊조각 등

✎ 여기서 잠깐!

1. 콜라주 활동에 필요한 준비물은 저학년 학생들이 쉽게 이용할 수 있는 것으로 한다.
2. 본 수업에서 활용한 패브릭 마커는 1, 2, 3차원의 속성을 점, 선, 면으로 표현하기에 적절하기에 선택하였고, 또한 부모님과 함께하는 활동으로 구성하였기에 부모님의 도움을 받을 수 있는 실, 바늘, 단추, 헝겊조각 등의 재료를 이용하였다.
3. 학생들이 자유롭게 활동하도록 하지만, 가능한 1, 2, 3차원의 속성이 만들기 과정에 반영될 수 있도록 안내한다.

활동 1 나만의 티셔츠 만들기

- 1, 2, 3차원의 특징을 어떻게 활용하여 나만의 티셔츠를 만들기 계획하기
- 나만의 티셔츠 만들기
- 이렇게 활동했어요!

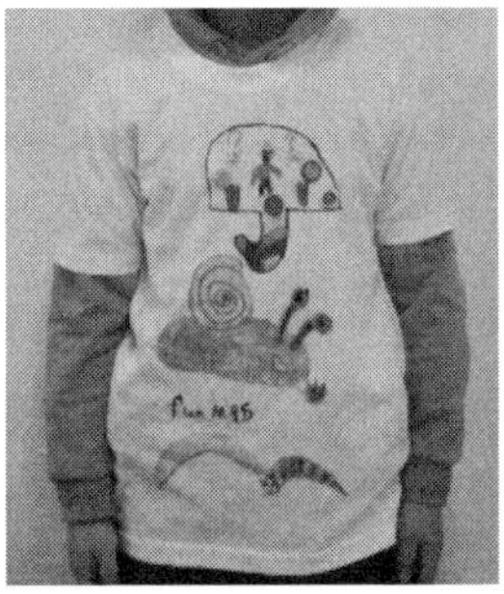

✍ 정리하기

- 각자 완성한 티셔츠를 입고 자유롭게 감상하기

D2 올림픽 숨은 비밀 찾기

✎ 융합적 요소 및 교육과정과의 연계성

<table>
<tr><th>융합적 요소</th><th>학습 목표</th><th>교육과정</th></tr>
<tr><td colspan="3">수학</td></tr>
<tr><td>수학적 추론능력</td><td>• 반복되는 수의 규칙을 찾고 다음에 올 수를 예측</td><td rowspan="3">■ 초등학교 1~2학년군
- 곱셈
- 분류하기, 표만들기

■ 초등학교 3~4학년군
- 곱셈, 나눗셈
- 자료의 정리

■ 초등학교 5~6학년군
- 약수와 배수
- 가능성과 평균</td></tr>
<tr><td>개념 및 원리의 이해</td><td>• 소수와 합성수의 개념을 알고 소수를 찾는 원리를 이해하며 사건이 일어날 가능성을 수로 다양하게 표현할 수 있음을 이해</td></tr>
<tr><td>문제해결 능력
의사소통 능력</td><td>• 다양한 변화에서 규칙을 찾아 설명하고 수나 식으로 표현할 수 있음</td></tr>
<tr><td colspan="3">과학</td></tr>
<tr><td>기본 개념 이해</td><td>• 빠르기와 힘의 원리에 대한 개념을 이해</td><td rowspan="3">■ 초등학교 3~4학년군
- 물체와 물질

■ 초등학교 5~6학년군
- 물체의 빠르기</td></tr>
<tr><td>현상에 대한 관심</td><td>• 힘은 두 물체 사이의 상호작용임을 이해하고 물체 사이의 상호작용이 있음을 앎</td></tr>
<tr><td>과학적 탐구 능력</td><td>• 물체의 운동을 이해하고, 빠르기에 영향을 미치는 요소를 객관적이고 과학적으로 표현할 수 있음</td></tr>
</table>

✎ 교수·학습 과정안(1차시)

활동명	올림픽 숨은 비밀 찾기
활동주제	올림픽(스포츠)에 담긴 수학과 과학 원리 찾아보기
학습목표	1. 수의 배열에서 규칙을 찾고 예측할 수 있다. 2. 소수와 합성수를 이해하고 찾을 수 있다. 3. 저항과 마찰과 관련된 요소를 인식하고 속도와의 관계를 알 수 있다.

올림픽 탐구

- 올림픽의 유래와 의미 알아보기
- 올림픽 경기 종목에 대해 알아보기
- 서울 올림픽 등을 비롯하여 특별한 의미가 있는 올림픽에 대해 알아보기

활동 1 올림픽에서 찾아보는 수학 이야기

- 운동 경기 규칙 중 수와 관련된 내용 찾아보기
  - 운동 경기에 참여하는 인원의 수
  - 운동경기에서 결과를 나타내는 점수와 관련된 용어 찾아보기
- 운동 경기가 이루어지는 경기장에 숨어 있는 수학 찾기
  - 경기장의 크기와 길이에서 나타나는 비와 의미 찾아보기
- 소수와 합성수로 유명한 운동선수 등번호 비밀 찾기

활동 2 마찰과 저항

▣ 올림픽(스포츠)에서 속도를 좌우하는 요소 찾기

- 일상생활에서 경험한 마찰과 저항에 대해 이야기 나누기
- 운동 경기에서 마찰과 저항의 역할 알아보기
- 운동 경기 중 마찰과 저항을 작게 하는 것이 필요한 경우 생각해보기
  - 운동 경기에서 마찰과 저항을 작게 만드는 방법
- 운동 경기 중 마찰과 저항을 크게 하는 것이 필요한 경우 생각해보기
  - 운동 경기에서 마찰과 저항을 크게 만드는 방법

정리하기

- 소수와 합성수의 개념 정리하기
- 힘은 두 물체 사이의 상호작용임을 이해하고 물체 사이의 상호작용이 있음을 이해하기

✎ 교수·학습 과정안(2차시)

활동명	내 티셔츠에 담은 수와 과학
활동주제	나만의 티셔츠 만들기
학습목표	염색도구를 활용하여 스포츠 또는 일상생활에서 찾은 수학과 과학의 개념과 아이디어에 기반한 티셔츠를 디자인 할 수 있다.

나만의 티셔츠 만들 준비하기

- 스포츠 속의 수와 과학의 원리를 표현한 나만의 티셔츠 만드는 방법 알아보기
- 준비물: 티셔츠, 의류용 염색 색종이, A4 용지, 풀, 가위, 다리미, 다리미판 등

✎ **여기서 잠깐!**

1. 염색 색종이를 활용한 염색활동은 대칭에 의해 그림이 반전되므로 염색 색종이 뒷면에 그림을 그린 뒤 가위로 오려서 색지의 뒷면이 빈 종이와 붙도록 하면 2번 반전되어 티셔츠에 같은 모양의 그림을 남길 수 있음을 이해할 수 있도록 충분히 안내한다.
2. 뜨거운 다리미는 위험하므로 주변의 어른의 도움을 받도록 하며, 한번 다림질한 그림 위에 뜨거운 다리미가 지나가면 염색된 부분이 변할 수 있으므로 주의한다.
3. 학생들이 스포츠와 수, 과학의 원리를 자신의 경험과 연관 지어 창의적으로 표현할 수 있도록 구상단계를 충분히 갖는다.

활동 1 나만의 티셔츠 만들기

- 스포츠에서의 수와 과학 원리를 디자인 요소로 활용하여 나만의 티셔츠를 만들기 계획하기
- 나만의 티셔츠 만들기
- 활동 순서
  ① 내가 만들고 싶은 티셔츠의 주제를 정하여 밑그림을 그린다.
  ② 원하는 색깔의 색지를 고른 후 뒷면에 그림을 그리고 가위로 오린다.
  ③ 오려낸 색종이를 흰색 A4종이에 배열한 후 풀로 고정시킨다. (A4 용지에 붙이지 않고 바로 티셔츠 위에 대고 다림질할 때에는 이전에 작업한 그림 위로 나리미가 지날 경우 그림이 녹아 색과 모양이 변할 수 있으니 주의한다.)
  ④ 색종이를 붙인 종이를 티셔츠에 뒤집어서 놓은 후 신문지나 종이를 덮는다.
  ⑤ 다리미를 면직물 온도로 예열한 후 약 5초 간격으로 두세 번 힘껏 다린다.
  ⑥ 덮은 종이를 걷어내고 미지근할 때 떼어낸다.
- 이렇게 활동했어요!

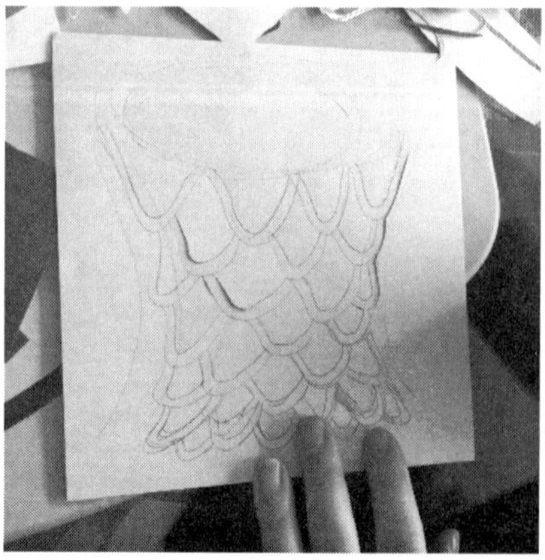

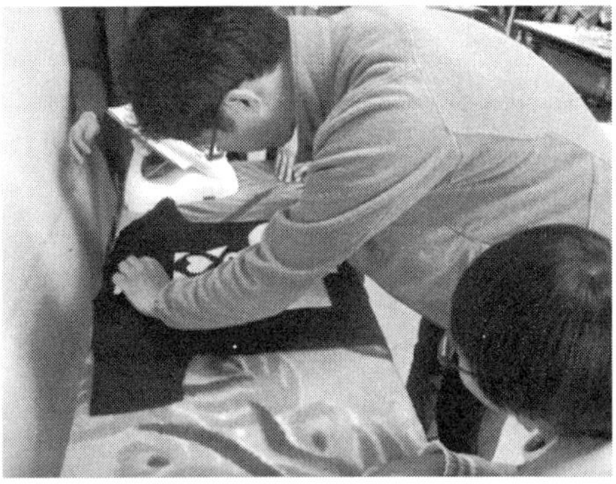

✍ 정리하기

- 나만의 티셔츠 만들기에 반영한 수학과 과학의 원리에 대해 정리하기
- 수업 참여에 대한 느낌과 흥미로운 점 나누기

D3 나를 찾는 스마트 넘버

✎ 융합적 요소 및 교육과정과의 연계성

융합적 요소	학습 목표	교육과정
수학		
수학적 추론능력	• 십진법으로 표현된 내용을 이진법으로 표현해 보고, 이진법으로 표현된 숫자의 내용을 추론할 수 있다.	**■ 초등학교 1~6학년군** - 수와 사칙연산 - 그래프 - 규칙성과 문제해결 **■ 초등학교 1~3학년군** - 진법
개념 및 원리의 이해	• 수의 다양한 표현방법을 이해하고, 데이터로 표현되는 수의 원리를 이해할 수 있다.	
문제해결 능력 의사소통 능력	• 데이터와 수의 관계를 이해하여 생활 속의 정보표현과 발견에 적용할 수 있다.	
과학		
기본 개념 이해	• 전기의 흐름을 단순화하여 데이터로 변환하는 원리를 이해할 수 있다. • 사이버 공간의 특성을 이해하며, 올바른 윤리의식을 실천하도록 한다.	**■ 초등학교 5~6학년군** - 전기 회로 - 전기 에너지의 개념 - 자기장 **■ 초등학교 5~6학년군(실과)** - 정보기기와 사이버 공간 - 생활 속의 전기·전자 - 인터넷과 정보
현상에 대한 관심	• 유선과 무선으로 전송되는 데이터의 특징과 차이점을 찾을 수 있다. • 전기 회로를 이용하여 컴퓨터를 만드는 원리를 찾을 수 있다.	
과학적 탐구 능력	• 미래사회에서 나타날 수 있는 기기 또는 데이터의 형태를 탐색하고 예측할 수 있다.	

✎ 교수·학습 과정안(1차시)

활동명	스마트 세상, 스마트 넘버
활동주제	스마트 세상 속 모습을 살펴보고, 그 속에서 사용되는 스마트 넘버를 찾아본다.
학습목표	1. 스마트 세상의 신기술을 탐색하고, 스마트 환경에서 사용되는 숫자의 의미를 탐색한다. 2. 개인정보와 저작권의 의미를 알고, 이를 보호해야 함을 이해한다.

스마트 세상, 스마트 넘버

- 미래 세상을 보여주는 동영상 감상
- '스마트'의 의미를 물어보고 '스마트'가 들어간 말 찾아보기
- 알고 있는 스마트 기기를 말해보고, 미래에 가능한 스마트 환경 상상하기

활동 1 스마트 기기와 스마트 데이터

- 스마트 기기에 대해 알아보기
  - 스마트 기기의 이름은 어떻게 생겼는지 알아보기
  - 스마트 기기 이름이 갖는 규칙성과 의미 알아보기
- 스마트 데이터에 대해 알아보기
  - 다양한 스마트 데이터의 형태 보기
  - 데이터의 구성원리와 진법 표현방법 알아보기
  - 좌표와 그래프로 표현되는 데이터의 의미 해석해 보기
- 진법으로 대화하고 비트맵 그림 해석해 보기

활동 2 정보 도둑, 해커/크래커

- 위성으로 해킹하는 영상 한 장면 감상하기
- 정보의 개념에 대해 설명하고, 해커와 크래커에 대한 용어를 정확히 전달하기
- 개인정보와 저작권의 개념을 이해하기
- 개인정보의 다양한 예 탐색하기: 주민번호, 아이핀, 아이디 등
- 개인정보보호와 저작권보호의 개념, 관련법 알아보기

정리하기

- 스마트 세상에서 사용되는 데이터의 모습 정리하기
- 개인정보보호의 중요성 되새기기

✎ 교수·학습 과정안(2차시)

활동명	나를 표현하는 스마트 넘버
활동주제	나를 대표할 수 있는 스마트 넘버를 만들어 보고, 그래픽에디터를 이용하여 형상화한다.
학습목표	1. 스마트 세상에서 아이디가 갖는 의미를 이해한다. 2. 그래픽 에디터 활용을 통해 이미지 편집을 할 수 있다.

나를 표현하는 스마트 넘버

- 아이디로 대화하는 화면, 3D 공간 아바타 채팅 등의 화면을 통해 아이디로 대표되는 세상 탐색하기
- 아이디처럼 자신을 대신할 수 있는 여러 넘버와 문자들 공유하기

활동 1 스마트 넘버 만들기

- 활동순서

① 재미난 스마트 넘버, 아이디를 보여주고 그 의미를 알려준다.

② 나를 나타내는 문자, 숫자를 적어보고, 웹에서 좋아하는 이미지를 찾아보게 한다. (http://pixabay.com)

③ 바탕화면에 폴더 만드는 방법을 알려주고, 찾아낸 이미지를 저장하는 법을 알려준다.

④ 나만의 스마트 넘버를 설계한다.

✎ 여기서 잠깐!

1. Pixabay 사이트는 이미지를 무료로 공개하는 사이트이나, 일부 이미지는 저작권을 표시한 경우도 있다. 따라서 학생들과 함께 저작권 보호에 대한 내용을 다시 알려주고 무료로 배포하는 이미지를 사용하도록 한다.
2. 학생들에 따라서 저작권 표시가 되어 사용할 수 없는 이미지를 사용하는 경우가 많은데, 이 경우는 반드시 법적, 윤리적인 문제를 알려주어 사용하지 않도록 지도한다.

- 이렇게 활동했어요!

활동 2 그래픽 에디터를 활용하여 스마트 넘버 만들기

- 준비물 : 그래픽 에디터가 설치된 컴퓨터, 인터넷을 이용할 수 있는 네트워크 환경
- 활동순서

① 무료로 사용할 수 있는 프로그램일 경우 설치하는 법을 설명한다.

② 에디터를 실행하고 동작하면서 메뉴를 설명한다.

③ 다운받은 그림이나, 웹에 있는 그림에서 직접 편집하는 방법을 설명한다.

④ 하나의 스마트 넘버를 만드는 과정을 보여주면서 설명한다.

⑤ 학생들이 각자 편집하면서 스마트 넘버를 만들도록 지도한다.

- 이렇게 활동했어요!

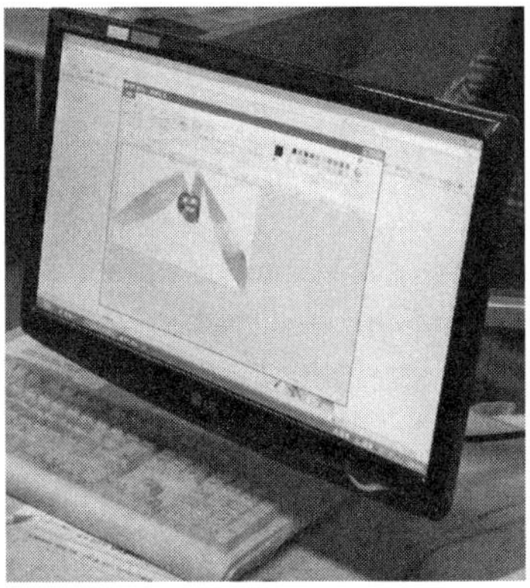

활동 3 전사지에 출력하여 가방 만들기

- 준비물 : 전사지, 칼라 프린터(고해상도 필요), 전사할 가방, 다리미
- 활동순서

① 최종 결과물을 칼라프린터를 이용하여 전사지에 좌우 수평 반전하여 출력한다.

② 전사지의 그림에서 1cm 여유를 두고 오려서 가방에 배치한다.

③ 꼼꼼히 다림질하고 완전히 식은 다음 떼어낸다.

- 모두 완성한 후 자신의 스마트 넘버의 의미를 설명하고 작품을 발표하기

✎ **여기서 잠깐!**

1. 가방의 색상에 따라 전사지는 흰바탕용인지 유색용인지를 구분하여 구매하여야 한다. 칼라프린터가 사진출력이 가능한 고해상도일수록 활동 결과물의 출력에 용이하다.
2. 다림질한 가방은 완전히 식지 않으면 사진이 가방에 붙지 않으므로 유의해야 한다. 가방 표면이 부드러울수록 결과가 깨끗하게 나온다.
3. 학급에서 활동시간이 충분할 경우 학급의 '베스트 스마트 넘버' 선발을 하는 것도 학생들의 발표활동에서 할 수 있다.

- 이렇게 활동했어요!

✍ 정리하기

- 스마트 넘버 제작 활동에 대해 개인의 감상 나누기

교사용 참고 자료

※ 스마트 기기들은 형태에 따라 다양한 이름을 가진다. 네트워크를 통해 스마트기기가 데이터를 주고받을 수 있는 것은 이와 같이 전세계적으로 유일한 이름을 가지기 때문이다. 앞으로는 통신이 가능한 모든 사물에 이름이 붙게 되기 때문에 사물의 이름을 관리하는 것도 복잡해질 것이다. 스마트 기기에는 다음과 같은 요소 설명이 필요하다.

- 하드웨어 : 전기를 품은 기계, 전기의 흐름으로 대화함
- 데이터 : 진법 세상, 2진법으로 된 대화(매트릭스 데이터 공간 영상을 보여줄 경우 이해가 쉬움)
- 기기 이름 : 시리얼 넘버, 영문과 숫자로 된 고유 이름
- 통신 데이터 : 진법과 주파수로 된 내용

※ 신기한 스마트 데이터의 형태는 주로 다음과 같은 형태를 가진다. 학생들의 이해를 쉽게 하기 위해 그림 자료를 보여주는 것도 필요하다.

- 글자 : 진법, 연산
- 그림 : 비트맵, 벡터, 좌표, 색상
- 동영상 : 인간의 데이터를 영화속 캐릭터에게 입히다.(모션캡처 영상)
- 게임 : 캐릭터가 움직이면서 싸우는 데이터(게임 컨트롤), 좌표, 방향

※ 그래픽 소프트웨어는 교육하는 장소에서 라이선스를 가진 정품을 사용하는 것이 바람직하다. 정품 그래픽 소프트웨어가 없을 경우 무료로 배포하는 소프트웨어를 사용할 수 있는데, 이 경우에도 개인이 사용하는 것은 허용하지만 기관에서 사용하는 것은 불허하는 경우가 있으므로 주의해야 한다. 본 수업에서는 '픽픽'이라는 무료 소프트웨어를 사용했으나, 수업하는 시점에 사용할 수 있는 무료 소프트웨어를 찾아보는 것이 좋다. 왜냐하면, 본 수업에서 사용하였다 하더라도 일정기간이 경과한 경우 유료로 소프트웨어 배포정책이 바뀌었을 수 있기

때문이다. 또한 소프트웨어의 사용방법과 기능이 단순해야 학생들이 쉽게 배울 수 있고, 스마트 넘버를 만드는 활동에 집중할 수 있다.

※ 무료 이미지를 배포하는 사이트는 검색을 통해 국내외 사이트를 찾을 수 있는데, 이때 충분히 그 사이트의 무료정책을 읽어보고 학생들에게 소개해야 한다. 본 수업에서 사용한 Pixabay의 경우에도 위 소프트웨어와 마찬가지로 배포정책이 바뀌었을 수 있으므로 수업하는 시점에 사용할 수 있는 사이트를 조사하여 학생들에게 안내하도록 하고, 학생들에게도 사용하는 시점의 저작권 내용을 확인하는 방법을 가르쳐 주도록 한다.

참고문헌

교육과학기술부(2012). 2009 개정 교육과정 수학과 교육과정 (교육과학기술부 고시 제 3011-361호). 서울: 우신기획.

김창현(2012). 손으로 생각하는 수학: 우리 아이 평생 수학의 올바른 첫 단추. 서울: 북셀프.

성은현, 송인섭, 문은식, 하주현, 한수연, 이계영, 최정민, 신경숙(2010). 융합형 영재교육 프로그램: 과학과 예술의 만남 초등편 사용안내. 서울: 한국과학창의재단.

이은적(2012). STEAM(융합인재교육)에서의 미술교과 내용의 가능성과 한계. 미술교육논총, 33, 287-314.

정세연(2013). 점·점·점이 모여서. 경기: 아람출판사.

조미경, 노일순, 윤수영, 김민경(2014). 수학 융합 수업의 실제: 수로 보는 실세계와 Number 꼴라쥬. 2015 한국수학교육학회 춘계학술대회 프로시딩 189-195.

조용승(2012). 자연과 문명 속의 수학: 인간의 삶과 연결되는 수학의 핵심적인 33가지 이야기. 서울: 이화여자대학교 출판부.

최영준(2013a). 미니 브릿지 융합 수학을 맛보다!. 수학동아, 46, 82-86.

최영준(2013b). 2013 엔스헤더 브릿지학회: 융합수학의 달인들이 모였다. 수학동아, 48, 22-27.

Root-Berstein, R., & Root-Berstein, M. (2007). 생각의 탄생: 다빈치에서 파인먼까지 창조성을 빛낸 사람들의 13가지 생각도구(박종성 역). 서울: 에코의 서재. (원서출판 1999).

참고문헌

교육과학기술부(2010). 창의인재와 선진과학기술로 여는 미래 대한민국. 2011년 업무보고. 교육과학기술부.

교육과학기술부(2011a). 수학과 교육과정 해설서 (교육과학기술부 고시 제2011-361호 [별책 8]). 서울: 교육과학기술부.

교육과학기술부(2011b). 융합인재교육(STEAM) 추진성과 보고(2011.12.20). 한국의 다빈치 교육, 융합인재교육(STEAM) 2011년도 성과발표회 자료집. 서울: 한국과학창의재단.

교육과학기술부(2012a). 2009 개정 교육과정 과학과 교육과정 (교육과학기술부 고시 제3011-361호). 서울: 우신기획.

교육과학기술부(2012b). 2009 개정 교육과정 수학과 교육과정 (교육과학기술부 고시 제3011-361호). 서울: 우신기획.

교육과학기술부(2012c). '생각하는 힘을 키우는 수학', '쉽게 이해하고 재미있게 배우는 수학', '더불어 함께하는 수학'의 구현을 위한 「수학교육 선진화 방안」 발표. 보도자료.

권난주, 안재홍(2012). 융합 및 통합 과학교육 관련 국내 연구 동향 분석. 한국과학교육학회지, 32(2), 265-278.

김민경, 허지연, 박은정, 홍은숙, 이은실, 이진영, 박윤미, 고혜진, 이은하(2013). 초등학교 수학·예술·과학 융합 수업의 설계 및 실제. 서울: 경문사.

김왕동(2011). 창의적 융합인재 양성을 위한 과제: 과학기술과 예술 융합(STEAM). 서울: 과학기술정책연구원.

백윤수, 박현주, 김영민, 노석구, 박종윤, 이주연, 정진수, 최유현, 한혜숙(2011). 우리나라 STEAM 교육의 방향. 학습자중심교과교육연구, 11(4), 149-171.

이혜숙, 임혜미, 문종은(2010). 수학과학통합교육의 설계 및 실행에 대한 연구. 한국수학교육학회지 시리즈 A 〈수학교육〉, 49(2), 175-198.

정윤희, 김성준(2013). 융합인재교육을 적용한 초등수학 수업자료 개발 연구. 한국학교수학회논문집. 16(4), 745-770.

주미경, 송륜진, 문종은(2013). 수학교과에서의 융복합교육 실행 방안 탐색. 학습자중심교과교육연구, 13(4), 437-467.

한국과학창의재단(2012). 손에 잡히는 STEAM 교육: 무엇이 아이들을 즐겁게 하는가. 서울: 한국과학창의재단.

한국교육과정평가원(2013.12.3). 만 15세 대상의 국제 학업 성취도 평가(PISA 2012) 결과 발표. 보도자료.

American Association for the Advancement of Science [AAAS] (n.d.). The nature of science. Retrieved December 13, 2013, from http://www.project2061.org/publications/bsl/online/index.php?chapter=2

American Association for the Advancement of Science [AAAS] (n.d.). The nature of mathematics. Retrieved December 13, 2013, from http://www.project2061.org/publications/bsl/online/index.php?chapter=2

Furner, J. M., & Kumar, D. D. (2007). The mathematics and science integration argument: a stand for teacher education. Eurasia journal of mathematics, science & technology education, 3(3), 185-189.

National Council of Teachers of Mathematics (2000). Principle and standards for school mathematics. Reston, VA: Author.

Smith, S. M. (2002). 수학사 가볍게 읽기(황선욱 역). 서울: 한승. (원서출판 1996)

융합인재교육 STEAM

찾아보기

초등교사를 위한
수학 · 예술 · 과학
융합 수업 모음집 II

지은이 김민경 · 노일순 · 윤수영 · 조미경 · 한은아
김동희 · 김유경 · 이수진 · 이수현 · 이지현
펴낸이 조경희
펴낸곳 경문사
펴낸날 2015년 11월 5일 1판 1쇄
등 록 1979년 11월 9일 제313-1979-23호
주 소 121-818, 서울특별시 마포구 와우산로 174
전 화 (02)332-2004 팩스 (02)336-5193
이메일 kyungmoon@kyungmoon.com

값 13,000원

ISBN 978-89-6105-906-0